自主反思力
Full Value Contract

以學生為本的活動課程設計與實踐

作者介紹

李冠皇 KK Lee

· 華東康橋國際學校　學生事務處副主任
· 佛光大學傳播學研究所、輔仁大學大眾傳播學系
· AAEE 亞洲體驗教育學會　正引導員認證
· 童軍木章持有人 Wood Badge Holder
· 美國 PA Inc. Adventure Based Counseling 受訓
· 華東康橋國際學校　活動組長
· 康橋國際學校　秀岡校區童軍團長、童軍教師、訓育副組長
· 派樂活動諮詢有限公司　學生課程講師

在兩岸教育現場以體驗教育為本，開展活動課程，勇於創新
與實踐。原創的活動課程，多次獲得臺灣 GreaTeach KDP 創
意教學特優獎。專注反思引導技術應用在學生輔導、活動課
程，引領教師專業成長。

｜工作坊發表｜

2019

‧ 第 5 屆中國營地教育大會《Full Value Contract 如何作為學習者自主反思引導之工具？》（北京）

2018

‧ 第 11 屆亞洲華人體驗教育年會《Full Value Contract 如何作為學習者自主反思引導之工具？》（臺北）

‧ 第 11 屆亞洲華人體驗教育年會《研學旅行遊戲化：一帶一路主題課——敦煌戈壁沙漠徒步挑戰》（臺北）

2017

‧ 第 12 屆亞洲體驗教育年會《情境體驗式活動課程——兩岸教育現場的喧囂與對話》（臺北）

‧ 第 12 屆亞洲體驗教育年會《《跟著貝爾去冒險》體驗學習面向大眾的契機與反思》（臺北）

‧ 第 10 屆亞洲華人體驗教育年會《一帶一路研學旅行在中國：帶著思路走在絲路上》（澳門）

2016

‧ 第 9 屆亞洲華人體驗教育會議《飄洋過海的熱血三國宿營——樂在體驗中探索知識帶走能力》（香港）

2014

・第 7 屆亞洲華人體驗教育會議暨第 9 屆亞洲體驗教育年會《活動課程（Activity Curriculum）的設計與實踐──讓學生樂在學習》（臺北）

2013

・第 8 屆亞洲體驗教育年會《GeoTeaming 應用於學校教育的可能──從綜合活動領域往外跨出的一步》（臺北）
・第 8 屆亞洲體驗教育年會《獨一無二的熱血三國隔宿露營──在情境中主動體驗》（臺北）

以學生為中心－
提升學習力的具體實踐

楊朝祥 博士 佛光大學校長

身為教育工作者，目前也仍在高等教育場域工作的我，在實際教育現場最關心的無非就是學生的學習力，而學習力和動機有必然的關係，但為何學生動機有待提升呢？是不是因為教學方法和學習方法有了問題呢？如何才能引起學習的動機呢？事實上，這一連串的問題還是要回到由學生的角度出發，由興趣驅動學習（Interest-Driven Learning），讓學生自主並成為負責的人，就能因為興趣和動機而驅動學習，提升學習力。

「以學生為中心（Student-Centered Learning, SCL），也有翻譯為：以學生為本位」此教育用詞之內涵包括：在教育上，將受教者置於教

育的中心，所有的教育活動，都以幫助受教者達成學習目標為依歸。課程設計上，要根據受教者的生活背景、學習能力與學習需求來設定教學目標、規劃與組合教材或活動。在學習評量或學習成效，也要依照受教者的情境而調整。

以學生為中心的學習（SCL）不同於以往以教師為知識學習唯一來源、講授式學習，這是一項從學生角度出發，由自己做主，依照程度和需求決定學習方式、學習時間和學習內容的方法，於動態調整和適性發展過程中，學習者承擔了學習的自主權和對學習的負責態度。因此，核心概念環繞於建構主義者（constructivist）與自我決定論（self-determination theories）之上。

Lee & Hannafin（2016）曾經以 SCL 結合學習動機、認知、社會和學習的情感方面概念提出了一個設計框架（a design framework），期能以此擁有（Own it）、學習（Learn it）和共享（Share it）學習內容與參與學習。在教育現場中，受教者是學習的主人（owner），老師要扮演嚮導、幫助者、跟隨者，來協助受教者發展學習過程的所有權並達成其有意義的學習目標；透過後設認知、程序、概念和策略鷹架學習策略來自主學習；並能超越課堂的評量，針對真實的學習者產出相關的作品。最後，由學生做主，建構並參與了學習過程和承擔了學習的結果，成為一個自主而負責的學習者。

當我們反思：「以學生為中心」既然如此重要，教育現場有無具體實踐呢？正巧，一本嶄新著作－《自主反思力：以學生為本的活動課程設計與實踐》來到我眼前，作者李冠皇是佛光大學傳播學系研究所畢業的校友，畢業後在中學教育現場工作。現職為（江蘇昆山）華東康橋國際學校國際部學務處副主任。冠皇活躍在兩岸教育現場，以體驗教育為本，開展活動課程，致力推動體驗教育設計活動課程，勇於創新與實踐。讓學生不僅只是完成挑戰活動（單車環島／徒步沙漠等）。原創的活動課程，多次獲得臺灣 GreaTeach-KDP 創意教學特優獎（現已改名為：Best Education-KDP 教學創新國際認證獎）。專注於反思引導技術應用在學生輔導、活動課程，引領教師專業成長。

　　冠皇將十年來在教育現場的故事結合理論，整理成書。這本有關「以學生為中心的活動課程設計與實踐」內容探討的就是教育現場「以學生為中心」實務心得，對學界教師們具有參考價值。此書區分為四個部分，一為「體驗學習在教育現場深化」，二為「活用自主反思引導工具 FVC」，三為「活動課程經驗談」，四為「親師生的感動與回饋」。以四個不同的視角，首先是體驗教育工作者，談體驗學習在教育現場深化的歷程，詳細說明 Full Value Contract 的理論基礎等。第二，以引導者的角度來談，FVC 如何成為自主反思工具，以及轉化活用的案例分享。第三，以學校行政老師的角度，分享活動課

程設計的經驗。最後，則以親師生的感動與回饋，驗證以學生為中心活動的課程設計與實踐之成效。

　　作者憑著 FVC 自主反思框架，帶領學生挑戰活動，迄今陪伴近 4,500 位學生，完成終身難忘的教學旅程，並希望能透過書寫，記錄下個人課程創建的心得，以及學生的學習歷程，和教育現場的老師們分享。讓孩子在體驗活動中，在技能增進外，也有更多收斂，並幫助心智的成長，豐富生命的經驗。有校友如此為教育立言，樂於為序，並推薦此書給有緣之教育工作者們！

Play hard, Study Hard and Being Smart!

唐維敏 博士

輔仁大學國際教育長、大眾傳播研究所副教授

Play hard, Study Hard and Being Smart!

相信不少人都認識李冠皇 KK 老師！因為不管在台灣或大陸等地，他推動和主導過許多令人驚艷的體驗教育計畫，遠近馳名。對身處教育現場的學校同仁、深受其益的學生，還有拿著放大鏡的學生家長來說，KK 老師幾乎就是體驗教育的領導品牌象徵！

我比較幸運，更早就從旁觀察到他在教育現場的創新思考和實踐熱忱。從授課學生、學會會長、數個高中大傳社指導老師、職棒實習記者，到擔任兒子的學校老師，冠皇便一路投注思考行動的熱情和活

力，樹立許多非常優秀的教案軌跡。

我更欣賞他勇於從傳媒領域跨境進入教育圈，不斷施展斜槓培力的多重觸角，協助各種學生、同儕師資勇於踏出舒適圈，並且以實際教學行動吸引（和說服）教育主管樂於支持課程翻轉和各種創意思考活動設計。藉由團隊反思、創新設計、服務課程、數位科技、影視生產和身份翻轉等各種策略和能量資源，他不斷打造新穎活動和創意課程。

藉由教學現場的深度人文反思和行動實踐，冠皇持續翻轉體驗教學，展現處處是課堂，隨時有活動的可能，更成為培養帶著走的能力和攀越快樂學習目標的批判軸心關鍵。

更棒的是，這些曾經的思考和實踐的軌跡，如今將集結成書，在字裡行間的思考路徑將能與更多教育工作者對話，並且進入更多教育現場，與更多教育主體身份介面碰撞，持續擦出更多的生命火花。

情意教學的
試煉與借鏡

莊勝利 博士 華東康橋國際學校校長

如果我們將教育的內容分為認知、情意、技能三部分，那麼完整的課程設計應該是三個層面皆兼顧，其中以情意的部分最不易教授，卻是最重要，因為它是所謂的帶得走的能力，情意的學習比較不能在教室內以教授方式來完成，常常須透過體驗的形式方竟其功。

與冠皇老師結緣是在 2015 年，他由台北康橋國際學校秀岡校區外派來大陸華東康橋國際學校，擔任國際部學務處活動組長，之前就耳聞他在體驗課程專業功力，多次榮獲專業協會的獎項。自從他入職以來，致力於推動體驗教育活動課程，成效卓著，是本校引以為傲的校本課程之一，深受學生喜愛、家長高度認可。

學校的辦學理念是在以學生為中心的課程設計下，強調全人教育，尤其是在品德情意的學習更是辦學的核心。學校為了落實情意的教學，由冠皇老師精心規劃，以各年級全部學生為主的菁英課程：七年級新生成長營是兩夜三天的新生適應營隊，八年級是熱血三國挑戰營，九年級是為期八天一帶一路（又稱為康橋西遊記），十年級則是最具挑戰的單車環島，兩週 1000 公里的騎行遠征。

　　這些精彩的活動設計除了認知以及技能的學習外，情意的學習是以學生為中心，採 FVC（Full Value Contract）為架構，培養學生如領導力、品格力等關係學生未來成功的關鍵能力。冠皇老師將 FVC 實踐在活動課程中，引領學生自主反思，是一種以學生為主體的反思流程，不再是過往由老師來提問，主導引導的議題和流程。所有參加活動課程的教師，看到學生真誠且有溫度的反饋內容，提醒彼此不斷調整，迎接課程中的各項挑戰，都讓我們看見，FVC 正向行為自主反思的力量。

　　以學生為中心來設計發想活動課程，提高學習者的參與度和自主性，激發學習興趣，讓學習者充滿學習動能，才能浸潤到學習課堂，讓學生樂在體驗中探索知識、帶走能力。本書針對 FVC 自主反思技術，理論、實務兼具詳實論述，無論是對負責學校活動課程的教育工作者，或是對體驗教育課程有興趣者，是一本不可多得的參考用書。

最美好的
分享

李慶耀　前康橋國際學校秀岡校區副校長

　　冠皇老師是我在康橋國際學校秀岡校區服務時的同事，他把近十年來，在教育現場，推動體驗教育的實務經驗彙整成書，請我寫推薦文，為鼓勵這位認真、用心，而且能不斷精進專業、富敬業精神的夥伴，我想分享和冠皇共事的點滴，來回應這本書的核心精神。

　　康橋國際學校除追求國際化外，更須培育學生具備帶著走的能力。因此，活化教學與創新是我們的重點工作，經營團隊必須能與時俱進，持續專業成長。2012 年學校推動行動學習，當年暑假的七年級新生成長營，委託時任派樂活動諮詢公司負責學生課程的冠皇老師協同規劃和執行，以 GPS、iPad、手機等行動載具，以行動學習、主

動學習、體驗學習、合作學習的模式，讓學生樂在學習、探索知識、帶走能力，同時也看到他在反思引導的深度和效益，適逢學校童軍教師出缺，便邀請冠皇老師接任訓育副組長兼童軍團長。

冠皇老師憑藉著過去在活動領域的經驗積累，加上個人努力不懈與成長精進，引領學校的各項活動課程創新和深化。2015 年和廖志強主任調派華東康橋國際學校服務，並擔任活動組長。2017 年將 Full Value Contract 自主反思實踐在單車環島、沙漠徒步的活動課程中，幫助學生深化學習效益，在新校區發展出更進階、精緻的體驗活動課程，這本書的實務操作分享，可以提供教育現場的老師們，有更多的參考和發想。

一路看著冠皇老師在教育現場的耕耘和努力，不斷體現體驗教育的精神，他在每次活動課程結束後，反思精進各項細節，在新年度的課程中調整優化。這本書的實務分享，是非常寶貴的經驗，能夠以更開放的視野和心胸，和教育界的夥伴分享，讓更多孩子在體驗教育的學習模式中，茁壯成長。

自主反思力 以學生為本的活動課程設計與實踐

2004 年，創立南山高中校友服務隊 —— 聚心活動團隊。當我們有機會在營隊中讓學弟妹開心吶喊、感動落淚，就像晚會尾聲的煙火一樣絢麗奪目時，我以為那是最棒、最好的活動。幾年之後，才發現煙火謝幕之後的空虛無感，接著是熱情不再。2009 年我和體驗教育相遇後，讓我知道，有機會不做煙火式的活動，而是像播下種子一樣，期待每一位參與體驗式活動的學生，未來都能回到自己身上開花結果。

2012 年起，在兩岸國際學校教育現場，持續推動體驗式學習。適逢營地教育、研學旅行相關課程，百花齊放之際，我們更應該關注學習者本身，如何有效自我反思，讓學習者真正在體驗中帶走收穫。2017 年體悟到 Full Value Contract 自主反思的真諦，接續在活動課程中實踐和調整，看見學習者因著 Full Value Contract 的討論框架，讓對話的內容更有焦點和效益。全部由孩子，在體驗歷程中，彼此看見和學習。

這本書，我以四個不同的身分視角，作為章節的安排。首先是體驗教育工作者，談體驗學習在教育現場深化的歷程，詳細說明 Full Value Contract 的理論基礎，以及在不同活動或課室中，如何以 Full Value Contract 為框架，來發想設計課程。其二，以引導者的角度來談，FVC 如何成為自主反思工具，以及轉化活用的案例分享。第三，我以學校行政老師的角度，分享活動課程設計的經驗談。最後，來自家長、老師、學生的回饋分享，來回應反思引導之重要性。希望能透過書寫，紀錄下個人課程創建的心得，以及學生的學習歷程，和教育現場的老師們分享。讓孩子在體驗活動中，除了技能增進外，也有更多內在收斂，幫助心智的成長，豐富生命經驗。

自主反思力　以學生為本的活動課程設計與實踐

CONTENTS

目錄

一 體驗學習在教育現場深化

二 活用自主反思引導工具 FVC

─── 三 ───

活動課程經驗談

親師生的感動與回饋

一

體驗學習在教育現場深化

引導對話要能回應體驗真實

引導技術，近年來成為提升教學效益的工具之一。但如何有效執行引導技術，達到有效的反思深度，以評估學習效益？是我投身體驗教育現場多年來，一直在努力精進的課題。在研討會、工作坊和老師們交流時，大家多會問我，大團隊反思有效果嗎？每位學生都有說話？有說真話嗎？2017 年我親身體驗 Full Value Contract 自主反思的歷程，讓我猶如醍醐灌頂般地收穫滿載，這是每一位老師都能帶學生應用的反思技術，也能回應過往由老師引導的缺憾，老師作為更加中立的引導者，有助於再深掘反思層次。

回應大團隊反思效益

　　一位引導員，帶領反思引導時，最適合的人數約 12-15 人。這樣有機會讓每一位參與者，在反思討論中有充分的機會表達己見，而非單純聽取他人的想法、思考。在學校場域中，無論是在課堂上或是校外教學活動，往往一個班級 35 人由一位老師授課，更不用說大型戶外活動課程，往往是整年級一起活動，即使規劃課程的主事者，能夠安排反思引導的時段，然而這樣的反思效益究竟還有多少？一直是體驗學習在學校推動時，所面臨的質疑和挑戰。

　　當然培訓大量的引導員，是解決方案之一，但其投入的成本和資源，需要長時間的規劃與各項資源支持下，持續推動才能成就大量具備引導技術的師資。或是輔以多元評量的方式，來驗證學生的學習成效。因此，我試著從在引導員有限的角度出發，如何應用最少的引導師來進行大團隊的反思討論，且能提高其學習效益，而提出自主反思引導技術。

體驗的真實能透過引導再現？

　　很多時候，學生在課堂上臺發言，說的是老師們想聽的標準答案。所以我在做大團隊引導時，為了更貼近真實，學生不會事先知道誰要上臺發言，就在簡報螢幕上出現的照片或名字當下，就要上臺分享、表達，這是我可以讓這些對話，更貼近真實的做法之一。

　　引導對話的內容開展，能夠真實反映體驗歷程和收穫，以回應課程設計和評量。我常跟學生說，就算你是抱怨、難過，都可以表達出來，那才是最真實的反思，當我們去細聽學生的抱怨、負評，都能回

應課程設計的點滴，原來一個規則的調整、關卡活動的微調，都會讓體驗者有不同的行為體現，進而回饋不同角度的思考，這些反思對話，是學生們自己共感、共創的回饋。

反思引導的主客易位

老師將引導技術融入課堂教學，可以增進教學評量的多元性和效益。多數的引導法皆以引導員為主體，促進團隊有效對話，說明反思學習收穫。引導員的功用，在於有序遞進的提問，幫助團隊聚焦。資深的引導員，善於觀察對話流動，精準提出問句，促進大家思考及表達。

Full Value Contract 自主反思技術的應用，系以學生為主體。由學生來主導討論議題、對話的意義和流動，皆由學生來定義和結論，做為接續調整的方向。反思引導的主客體異位，更是呼應以學生為主體的教育潮流，由學生來主導反思內容，更貼近於參與者自身的想法。當我們在實施 FVC 自主反思時，老師作為引導員的角色，是不是就不需要了？我的回饋是，當學生能夠自主反思時，老師的引導提問，更可以協助學生聚焦，這樣的引導介入，仍是回應學生討論的框架和內容，說明學生能釐清問題、明確結論，進而提出行動計劃。

當我遇見體驗式學習及 FVC

　　我個人在引導員的培養過程，系承臺灣 AAEE 亞洲體驗教育學會（Asia Association for Experential Education）三個階段的引導員課程受訓和實習時數認證（助理引導員、副引導員、正引導員），2017 年六月，我有機會參加美國 Project Adventure Inc. 體驗教育機構（後文簡稱 PA）的 Adventure Based Counseling 課程（歷險輔導員課程），對我來說是一種再檢視、再學習的歷程。檢視臺灣培養引導員的課程內容、檢視自己學以致用的歷程中，是不是有誤區、是不是沒抓到精髓？還有透過這個基礎課程，我還能再抓取到什麼，調整應用在未來的教學現場。

這次上課的老師是 PA 創始人之一 Jim Schoel，時年高齡七十多歲的他，在 1970 年代開始創建 PA 活動、基礎理論等，能和他玩在一起，是多珍貴的緣分和時光。從課程中的相處，我看到的是，他擁有年輕的心和哲學的腦，來譜寫他的體驗式生命。Jim Schoel 老師的課堂結構與學習，我拿來對照臺灣 AAEE 引導員課，大概是助理引導員課 100%＋副引導員課 40%＋正引導員課 10%，若學員擁有很多先備認知或實際帶領經驗，可以更快的進入課堂內容，基礎理論的重整、連結、整合，提供一個整體觀，來協助學習者，在未來更有效應用。

隱喻連結體驗

Jim Schoel 在課程中用了多次的隱喻故事，作為活動前的說明。他說，你有沒有觀察過，橋上的拱橋，為什麼可以撐起來、能夠平衡？關鍵是拱心石。接著我們做了一個所有人圍圈、肩並肩，向圓中心傾倒，感受彼此的力量，保持平衡。在這個活動體驗的過程中，我能立即連結方才的隱喻故事，這就是最好的經驗，活動已經讓我們能說話／發現：每個人都是很重要的拱心石。我認為，隱喻和體驗活動的高度連結，是來自於活動創建者對生活周邊事物的觀察／創意。如果沒有能讓多數人，能夠想像、察覺、對照隱喻和活動體驗，那樣的體驗很生硬、無感，所以選擇隱喻時，引導員對活動的瞭解／體會有多少、多深，才能帶出生命力，讓「活動直接說話」。

經典活動再現

老師帶領我們進行很多經典的活動（星際之門、修復計算器、穿

越地雷陣等等），觀察老師如何進行 Brief（任務說明），在活動進行中、活動後 Debrief（反思引導）老師講了哪些話？在什麼情況下，做了哪些應變？我們完成了活動，談的是帶領原則、Full Value Contract、工具使用等等。在這個部分上，引導員的特質、敏銳的觀察力等等，都在課程中不斷體現。很多時候則是將學習的責任，回到學員身上。由我們來決定參與程度、完整度、順序、安全等等，這是 Challenge By Choice[1] 自發性挑戰（後文簡稱 CBC）的體現，關鍵不是選擇，而是學習責任的賦予。

基礎理論深化

讓我學習最深刻的是 Full Value Contract，在課程中不斷被提醒、看見！因為團隊在討論 FVC 的時候，自然而然形成一個正向討論的團隊氛圍／團隊文化，激盪創造學習的火花、效益。跳脫了活動體驗的部分，從 FVC 來提問，很快就能連結活動體驗和真實生活，而且往往談的自然且深入，而非執意在這個活動要談分工、談溝通、談效率等等。在我過去的學習經驗中，我知道 FVC 的重要性，不論是在書籍、受訓裡都不斷被強調，但回看在華人體驗教育現場，是不是有足夠的時間，能充分討論、執行與深化 FVC，我想這是在「知道」和「實踐」之間的拉扯中，我們不斷要被提醒和突破的。

---

1 Project Adventure 體驗活動的基礎理論之一，強調參加活動者，能充分自主決定參與的程度，強調學習的責任，在學習者本身，學習者的收穫才會豐富。

這張圖是這場培訓的重要筆記，Jim Schoel 強調學習波浪，是一個動態且持續不斷的。海底的基石夠不夠深厚，要靠 FVC 和 CBC 來鞏固，這樣學習的波浪可以沖的更高，創造高峰經驗。然而每一個波浪同等代表每一個經驗學習循環，從任務說明、活動體驗到反思引導，將每一次反思應用在新的活動經驗中，這是體驗教育很棒的價值。

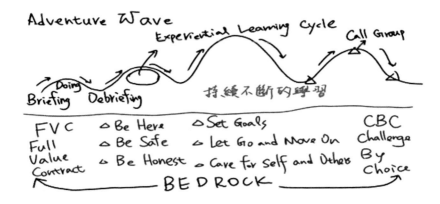

什麼是 FVC — Full Value Contract

　　美國 Project Adventure 以 Full Value Contract 為基底,進行各項體驗式課程的團隊文化建立。若用說文解字來看:FULL 有盈滿、滿溢之意;VALUE 價值;CONTRACT 合約、契約之意。意即:滿溢的價值合約。在華人體驗教育常用的翻譯是:全方位價值契約或正向行為原則。我認為,後者的翻譯更切中其本意。FVC 強調,由參加者自己訂定屬於團隊的規範,這些規範即是團隊成員的價值觀展現,進而體現成為具體行為,促進團隊正向文化的建立。格外重要的是,這些規範是學習者本身自己訂定的,學習的主體、責任,皆是學習者本身要充滿主動性。

FVC 如何作為自主反思的工具

美國 PA 的課程建構者，歷經長年的課程執行經驗，認為帶領團隊討論六個基本 FVC，就有機會看到團隊正向改變的契機。透過學習者自己規範的行為準則，來反思觀看每個體驗活動或課程階段，團隊成員間的行為表現。等於提供了一個討論框架，反覆討論、調整，當團隊都能做到自己訂出的規範後，這個規範是可變動再調整的，然後再進行下一個階段的調整。

在 Jim Schoel 的課程裡，他特別提到，將六個 FVC 做好做滿，你的團隊課程執行會加倍順利，可以協助解決很多團隊問題。我想以團隊文化來建構，趨向正面、良善的價值體系，確實能夠幫助在團隊中的每個人，向上向善。

1. Be Here

2. Be Safe

3. Be Honest

4. Set Goals

5. Care for Self & Others

6. Let Go & Move on

以 FVC 讓學習者自主反思，是一活化教學，以學生為主體的概念。只要老師願意放手，學生有更多空間自主發揮，往往都有意想不到的回饋。FVC 強調由成員們訂定規約，作為團隊發展的基礎。吳兆田（2012）提到，正向行為原則（Full Value Contract）包含三項團隊共識：

1. 同意以團隊合作方式達成個人及團隊目標。

2. 同意遵守安全及團隊擬定的規範。

3. 同意給予、接受正面或負面的回饋，並願意調整自己的行為。

FVC 自主反思的具體操作流程，我把它叫做「論、正、主、導」。這四個字，取自四個程序步驟名稱，同時也代表各步驟的涵義，更要以此詮釋 FVC 的核心精神。這四個階段，須按先後順序操作，不可跳躍或掠過。在這個段落裡，我將簡略說明各階段步驟的意義，後續各章節詳細說明。

一、討「論」定義：針對每一個 FVC，小隊共同討論，認同和決定如何定義之。

二、「正」向準則：接續請小隊針對定義，給出 2-3 個正向行為準則，作為接續課程可觀察與討論的依歸。

三、自「主」反思：活動課程階段性結束後，由小隊中的學生自主討論，回饋給團隊成員彼此，對於準則的實踐程度、如何調整等，用以作為下一階段的調整。

四、總結引「導」：老師介入反思總結，針對學生討論的歷程、結論，給予更多的回饋，以回應課程目標。

參加者自己決定的定義和準則，依此來反思討論，即使一針見血、直接了當，都是大家彼此較能接受的對話。這樣的反思討論，有別於過去以老師為中心的討論視角，老師們以經驗學習圈[2]的脈絡展

2 大衛・庫伯（David Kolb）在約翰・杜威（John Dewey）、庫爾特・勒溫（Kurt Lewin）和皮亞傑經驗學習模式的基礎上，提出的經驗學習圈理論（Experiential Learning Cycle）。他認為，學習過程是由四個適應性學習階段構成的環形結構，包括具體經驗，反思性觀察，抽象概念化，主動實踐。

　自主反思力　以學生為本的活動課程設計與實踐

開提問：What → So What → Now What，或是 4F[3]：Facts → Feeling → Finding → Future。若我們將 FVC 作為反思工具時，系從 FVC 出發，回顧連結活動中關於 FVC 的問題、狀況，有做到、沒做到等，本質就是聚焦 What、So What，接著討論如何調整，則是可以對應 Now What。我將兩種反思脈絡以下表來對比、呈現。FVC 是一種以學習者角度出發，由下而上的反思體驗，創造團隊正向動能，在討論中相互信任和關照。

	體驗反思	FVC 反思
引導主題	引導員決定	體驗者決定
引導工具	O.R.I.D.[4]／4F／3W	6 FVC
引導流程	經驗學習圈	以 FVC 為底展開
引導焦點	活動狀態	組織文化

參考文獻：

吳兆田（2012）。引導反思的第一本書（頁 279）。臺北：五南。

3　4F 為英國引導師 Roger Greenaway 提出動態回顧循環（Active Reviewing Cycle）的提問結構。

4　O.R.I.D. 為焦點討論法（Focused Conversation）引導參與者在不同層次、階段，透過團隊對話來做省思。

⋮ FVC 自主反思三關鍵

　　近年來，我在教學現場實踐 FVC 自主反思，看到學生的正向回饋，完全翻轉了之前反思引導時，只有某些人能說話，或是只說老師愛聽的標準答案。現在的學生都能活潑應事，主動權在手上時，透過老師正向引導，就能侃侃而談，毫不扭捏的說真話，為了是團隊共好。在這個章節，我要特別整理出來，在實施 FVC 反思時，要特別注意的三個關鍵：正向、長期、動態。

正向表列定義和規則

　　我們要怎麼帶領學生制定精準的 Full Value Contract？如果學生給

出的定義和準則很空泛，就無法回饋所有活動課程的體驗內容，也會讓學生陷入無從討論起的窘境。首先須釐清 FVC 用在什麼情境下，是一學期的班級規章？或是應用於單一活動課程中，例如登山、徒步等。學生才能討論出符合情境脈絡的 FVC 內容。另外要特別強調，正向表列是 FVC 的精神所在，準則陳述用語，多為：「要」、「可以」等正向字眼來表達，切忌「不要」、「不可以」負面表列的字眼，將悖離 FVC 正向行為原則的精神。

長時間連續天數效益高

FVC 不能只看做小隊公約，過往在很多活動課程中，老師們也多會引導學生製作小隊公約，動態引導大家繪製團隊圖像（人型、手掌等），把公約寫在裡頭並簽名以示承諾等，這些都是泛 FVC 的型態呈現，但往往一天活動下來，這張公約就貼在牆壁上無人聞問，或是只能在中餐前、當天課程結束前討論，這樣無法彰顯自主反思的效益，因為學習者沒有足夠的時間去共同經歷，方才反思內容後的繼續觀察、回看，以作為下一階段的討論基礎。在連續多天數的活動營期、整學期的班級經營等來應用 FVC，才能真正顯現自主反思的效益和深度。

依照團隊氛圍動態調整

長時間引領學生練習使用 FVC，從一開始指定項目討論，到後來完全放手，學生都能越說越精彩，因為這些規則、規矩是學生自己訂定的，同儕間相互提出問題、指正，和老師直接指責學生是截然不

同的角度，同學的提醒相對老師來說，其接受度高很多。在施行一到兩週時，學生可能會碰到撞牆期，認為我們團隊在每個 FVC 都做得很好，沒什麼好討論了！這時老師的介入就格外重要，要帶學生重新檢視，如果原有的準則已無法說明團隊反思，代表需要重新修訂FVC 準則，從其他角度切入來看，團隊在這個專案上還需要哪些調整。因此，FVC 是在團隊已經充分實踐既有的準則，才能重新調整討論新的切入點，進到下一輪的調整，讓團隊趨向更好、更正向的團隊氛圍。

自主反思力 以學生為本的活動課程設計與實踐

⦂ 以 FVC 為本的單車環島課程

　　2017 年 9 月，我將 FVC 導入單車環島騎行的活動課程。這一年有三百多位學生，14 個班級的十年級孩子，要完成環島騎行的壯遊挑戰。暑假期間給班主任培訓，帶領老師親自體驗，如何創建 FVC 的準則，老師先體驗再轉化帶領學生，就這樣開始第一屆以 Full Value Contract 為本的單車環島領導力課程。

　　為了完成挑戰，長達半年的準備期，每個月會有一次團隊騎行的練習，每次單車訓練（週六）的前一天（週五）學生需要留校住宿，從下午三點到晚上八點，安排相應的領導力培訓課程，對應的是領導力測評的各項領導力指標，所設計出的體驗式課程，有賴班主任老師

認真學習，再轉化應用到自己的班級課室裡頭，室內課是透過活動引出領導力相關概念，而在單車訓練和實際環島挑戰中，能被實踐和培力。

在班主任身上，我看見年輕向學的積極心態，認真經營班級師生關係，就在這些課程中不斷碰撞、互動，找到彼此共通的話題、最佳的溝通方式，真是不容易的歷程。能陪伴一個班級的學生，完成半年的單車環島課程，是非常特別的緣分、福分！每天的反思引導，都在影響和改變孩子，往更積極正向的角度思考、調整。老師們，就像是傳道者一樣，堅持地做好、做滿這半年課程的每一件事情、細節。

另一個方面，在學生身上，我從週五領導力課程的驗收和回饋，看到學生能快速進入討論狀態，進行相應的 FVC 討論，我覺得是學生很習慣開放式的學習方式和狀態，這是學校整體課堂教學的具體成效，一點一滴累積和培育，讓學生能表達、敢表達，這些課程任務的布達，同時就是領導力的鍛造和啟發。週六的單車訓練，我們刻意地要中隊長整隊、點名、帶討論等等，都是同一個概念，讓學生在體驗中學習成長。

我們採用心理出版社的領導技能問卷量表（Leadership Skills Inventory），F. A. Karnes & J.C. Chauvin 1985 出版，2000 新版。是南密西西比大學（University of Southern Mississippi）暑假舉辦領導才能研習方案，有 15 年使用經驗。中文版問卷，由臺灣師範大學王振德教授修訂。我和教學團隊在規劃課程時，嘗試將九項領導力和 FVC 連結對應，成為我們觀察學生學習歷程及驗證學習成果的重點。

9 領導力（Leadership Skills）	6 FVC（Full Value Contract）
領導基本概念 Fundamentals of Leadership	Be Honest ／Set Goals ／Care for Self & Others
書寫溝通技巧 Written Communication Skills	Be Here ／Set Goals
口語溝通技巧 Speech Communication Skills	Be Here ／Be Honest ／Care for Self & Others
價值澄清 Value Clarification Skills	Be Honest ／Care for Self & Others ／Let Go & Move on
團體動力 Group Dynamic Skills	Be Here ／Be Safe ／Be Honest ／Set Goals ／Care for Self & Others ／Let Go & Move on
問題解決技巧 Problem-Solving Skills	Be Here ／Set Goals ／Care for Self & Others
個人特質 Personal Skills	Be Here ／Be Honest
計劃技巧 Planning Skills	Be Safe ／Set Goals ／Let Go & Move on
做決定技巧 Decision-Making Skills	Be Safe ／Set Goals ／Care for Self & Others

　　針對九項領導力課程，設計對應的體驗活動，讓班主任引導學生去探索和解讀，接續在環島課程中，去體現和感悟。也透過每年的領導力問卷前後測作對比，讓學生透過自己、同學和老師的反饋，來分

析解讀測評結果。對於教學團隊來說，我們看重年級平均成果，來檢視活動課程的設計。經過歷年不斷調整，近年學生的測評在九個領導力向度，都呈現極度顯著的改變。

向度	成對差異					T 檢定	自由度	顯著性（雙尾）
	平均值	標準差	標準誤平均值	差異的 95% 信賴區間				
				下限	上限			
領導基本概念	2.08280	3.52347	.19884	1.69157	2.47404	10.475	313	.000
書寫溝通技巧	2.81847	4.61095	.26021	2.30649	3.33046	10.831	313	.000
口語溝通技巧	2.06688	4.25977	.24039	1.59389	2.53987	8.598	313	.000
價值澄清	1.26752	5.08632	.28704	.70275	1.83228	4.416	313	.000
團體動力	3.01274	5.65628	.31920	2.38469	3.64079	9.438	313	.000
問題解決技巧	2.10191	3.56892	.20141	1.70563	2.49819	10.436	313	.000
個人特質	3.51274	6.81111	.38437	2.75646	4.26902	9.139	313	.000
計劃技巧	4.24841	6.65360	.37548	3.50962	4.98720	11.314	313	.000
做決定技巧	1.91401	3.98507	.22489	1.47152	2.35650	8.511	313	.000
總分	22.81847	34.25411	1.93307	19.01501	26.62193	11.804	313	.000

備註一：本案前測人數 329 人，後測 318 人，有效問卷 313 人。

備註二：顯著性檢測：p ≦ 0.01 極顯著差異。

自主反思力 以學生為本的活動課程設計與實踐

為了實踐以 FVC 為本的反思引導，從行前訓練開始，就讓學生隊長，自己出來練習帶領討論。今天討論哪個 FVC 也交由學生來決定，各班整理後的資料，再和全年級三百多人分享。班主任的角色，則是在旁傾聽、引導、互動。我發現學生的討論，變得積極主動，這些討論和分享與每一位夥伴息息相關，討論分享不再是只有少數人在狀況內，而是每個人都願意多分享、願意在來日的挑戰中，調整改進。

　　讓我印象深刻的，以摔車為例，有的學生歸因於 Be Here，因為就摔車的實際狀況來看，前後夥伴都繞過障礙物，但該學生一時不專心沒看到而摔車。同樣是摔車，有的小隊則認為 Care for Self & Others 需要重新檢視，發現因為口令傳遞不夠確實，後面的人無法即時掌握前方路況，引申出口令要確實傳遞，才能照應到彼此。我想這些討論都很具體，也很有效益，無形中都在建立團隊的關係共好共榮。

三個案例看 FVC 學習效益

　　在全體參與單車環島課程的師長、學生努力下，我們實踐了讓學生以 FVC 為自主反思工具的挑戰，回頭我們檢視這次的反思效益，是不是更勝以往？同時也問，是不是能回應這幾年來，我們自我反思：大團隊（一個年級 300 人）的反思深度和效益何在？看到每天收操後的反思討論，每個小隊長能挺身而出，帶領大家以 Full Value Contract 展開對話討論，針對當天的班級狀態、騎行狀況認真回應、調整，建構自己的班級文化，這是令人欣慰和感動的。我想分享三個案例，更具體的說明 FVC 反思效益。

Let Go & Move On

　　有一個班級，在環島出發後的前幾天，脫穎而出成為生活競賽的常勝軍。幾天後，有三位學生摔車。他們當天的反思以 Let Go & Move On 展開，在他們小組討論的紀錄中寫著：車距是十分重要的，不僅是安全，更還有加分的機會。可我們班同學只顧著加分，在機動老師不在的時候，車距是十分「不重要的」。這是一個嚴重的錯誤。不能做作，不能表演，不能為了加分才拉開車距，應該在平時就做好。

　　但是再往深處看，這次摔車追尾並不只有車距的問題，更是態度的問題。可能是我們得了好幾次冠軍，有點驕傲了。所以太過於的放鬆隨意，俗話說：「驕兵必敗」是有道理的，每次的評比就是一兩分的距離，我們並不高高在上。累了，可以休息，但請選擇合適的方式，而不是隨時休息。放下，重新開始吧。這個班級最後拿下精神總錦標，也創下先例，在 12 天環島騎行中，全員 25 位夥伴無人上車，騎完全程。

Be Here

　　這一天的行程是臺灣南迴公路壽卡段爬坡挑戰，有一位平時體力過人的中隊長，這一天在路途上以單車壞掉為由，在等待維修工匠的時間，和班級脫離。按學校的規定，車子修好後，跟上後面班級的隊伍，不可往前追趕自己原來的班級。後來所有人才知道，他藉故要等在後面班級的女朋友，想陪伴、鼓勵她完成挑戰。

　　班級同學們很清楚，該班領導者的問題，大家的情緒都不太好。

但學生很有智慧的選擇以 Be Here 來做討論，讓這位中隊長瞭解，大家對他的在乎，更要他繼續當好領導者。在他們的紀錄上是：今天我們隊伍裡大部分人都做的非常好，只有一個人因為生病而落隊，但是她帶著病痛也把她騎完了。但是有一個人卻因為自己的原因，故意落隊為了陪女朋友，這讓我們隊員非常痛心，所以我們今天的主題是 Be Here，我們選擇這個主題，是因為我們希望能讓他感動，傳遞我們既然來了，就別讓自己後悔，認真對待單車環島課程的想法。

Care for Self and Others

這一天從新北市新店往宜蘭，挑戰北宜公路，在最後一個山頂上，有兩位學生起了口角爭執，演變成肢體衝突。原因是兩人一路爭執，距離休息點還有多少公里，在大家身心俱疲的狀態下，抵達休息點時，再也按耐不住情緒，雙方出手互打，兩人被師長拉開後，收單車、上後勤車一路回下榻酒店。

傍晚抵達住宿酒店，班上同學進行反思討論時，選擇以 Care for Self and Others 當主題，原來平時 A 同學和班上同學的相處是有狀況的，今天因為 A 一直回話，讓 B 越聽越煩躁。在小組討論的紀錄中是這樣寫的：我們作為同班同學，平時沒有好好照顧 A 同學，沒有做好適當的溝通與交流，我們應和他多做溝通，而不是去排斥他。我們應客觀對待每個同學，寬容對待他們，每個人都有不同的性格，我們必須包容他們。因為今天爬坡時間較長，長時間的騎行，近二十公里沒有補給站，導致大家的怨氣比較重，我覺得我們應該適當的發洩一下，比如吼幾聲，而不要用打架這種不合理的方式去發洩它。

因肢體衝突的特殊狀況，學生的討論我在旁引導。學生講了一句話，讓我印象深刻：「不會因為環島這個課程，就能改變我們和他的關係。」我回應：「是的，但有沒有機會有什麼調整，就看各位的想法和行動？」再稍晚些，我邀請兩位當事人加入班級討論，因為我看見多數的夥伴，對他的包容、友善，在前一段的反思中，是具體可見的。A 同學在仍有負面情緒的當下，拒絕再做溝通互動，也不願意互動，所以沒看見同學的友善和包容，是我認為比較可惜的部分。

　　我想談的是，Full Value Contract 做為學生自主反思工具之一，提供了學生反思對話的框架準則，這些行為規範的標準，是學生自己訂定的。因此這些對話反思、文字紀錄，和他自身密切相關，才會有感有悟。更提醒我，要相信學生永遠比我們有創造力，給他們舞臺和責任，總是做得比我們想的，要多、要好。

學生視角談 FVC

　　每一屆單車環島課程結束，在學習成果發表會時，聽見來自學生對於課程的收穫和反思，是對於課程設計和實踐，非常珍貴的回饋。學生對於每天討論的 FVC，是有深刻感受的。不論在紀實影片或是簡報內容，都可以看見學生視角中，FVC 帶給團隊的改變、用意為何，彷彿他們上過 PA 的訓練課程一樣，精準地點評為何要做 FVC。有學生說 FVC 就像是「箴言」一樣，引領大家每天的調整和改變。不論是指出錯誤該調整的行為，或是讚美夥伴正向的表現，都實踐了團隊成員彼此關照具體行為的氛圍，這就是 FVC 的力量。我總結了學生的概念，有如下幾點：

1. FVC 導引我們發現錯誤行為，並加以調整。

2. FVC 讓我們精準地讚美正向的行為。

3. FVC 提醒我們該關照夥伴哪些行為，讓團隊變得更好。

　　別忘記，這些 FVC 的行為準則，是學生自己訂出來的，這樣以學生為本的反思框架，和學習者本身息息相關，所以主動積極的投入，成為反思討論有無意義的關鍵。每天晚上，我在旁聽著學生的分享，就能聽出團隊現在的狀態、氛圍，隨著天數增加、密集性的討論，相關人等的關係都持續朝正向發展，這樣的對話是有生命的。我要求老師操作的流程是：每天收車後，小隊討論 FVC，接著吃晚餐，晚餐過後小隊代表上臺發表，和全梯隊的師生一起分享。

　　當學生可以自主反思的時候，老師作為引導員的角色，怎樣更貼近、更一語中的延伸討論效益？有賴班主任每天騎行時對學生的觀察，這些觀察都成為反思引導很重要的「線索」，如何把掌握的線索和學生的表達連結在一起，這才是關鍵。環島天數拉長後，有老師問我，可不可以不討論 FVC？我說仍是以 FVC 為底展開討論，你可以就學生的發表來做延伸。當學生覺得都做得很好時，代表建構的行為準則要調整改變，去探索和發現新的正向行為。而不是錯認：學生都講同樣的主題，了無生趣！？

　　就學校現場實務操作，我無法要求每位老師都是有證照的引導員，但我可以借著讓學生透過 FVC 自主反思後，老師做為畫龍點睛的引導者，在同一個脈絡、框架中分享對話，是有焦點、有目標的對話。FVC 自主反思，對於長天數的活動、營隊來說，是非常棒的工具。但要投入更多的時間和準備：引導員培訓、引導學生創建

FVC、活動期間有充分的時間可以討論、發表等。才有機會看見，學習者的改變。

活用自主反思引導工具 FVC

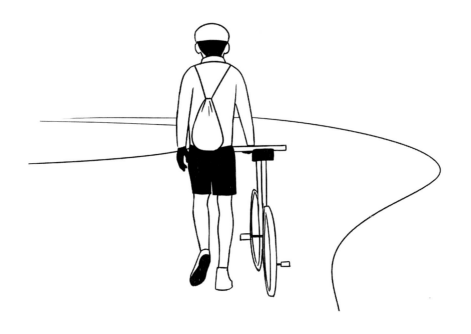

● FVC 自主反思的力量

2018 華人體驗教育會議，2018/12/7-9 在臺北劍潭青年活動中心展開。這是兩岸四地體驗教育工作者，每年進行學術交流、業界動態分享的平臺。我給自己的挑戰是，在年會工作坊發表 FVC 如何作為學習者自主反思引導之工具？以這個主題分享，其實我企圖想要影響更多老師、教育工作者，一起擴大使用 FVC 這個反思工具，有更多的教學現場案例可以分享、回饋，或者內化為華人體驗教育現場的 FVC！？

我分享兩個主題式課程案例：第一，以 FVC 為本的單車環島領導力課程，以 FVC 作為反思工具時，令師生感動的反思故事和力量。第二，我將 FVC 轉化成華人版的五常品德：仁、義、禮、智、

信，在一帶一路教育旅行敦煌戈壁沙漠徒步的挑戰中，我們如何促進學生正向的品格，以回應中華傳統文化價值，對我來說，這是極富創意，又讓我驚喜的課程設計與實踐。

FVC 如何做為學生自主反思工具，有幾個面向要思考：

1. 如何培訓各小隊的老師／引導員，是很重要的基礎鋪墊階段。

2. 如何讓學生自主選擇每天反思的 FVC？

3. 如何轉化為華人版／在地化的 FVC？

4. 如何評估學生的學習效益？

華人體驗教育現場，常常因為課程時間有限，無法放慢課程進度，讓學習者有充分的時間，不斷檢視討論 FVC，才會讓人有流於形式之感，在我還不能體會 FVC 的力量時，我也不夠重視 FVC 的討論。現在，我實踐導入 FVC 在長期的課程中，見證學習者的改變，也把學習的主動權和責任交給學生，這對師生來說，都是很深刻、很棒的經驗。這個工作坊，希望對教學現場的老師、對東西方體驗教育的交流有所幫助。

工作坊尾聲的提問回饋環節，有老師問我：六個 FVC 是您給學生設定的，而不是學生自己覺得需要的？我相信提問的老師，經常在帶領學生操作 FVC，一部分也是在提醒我，不要忘記 FVC 的開放性。因此，我的回饋是：這六個 FVC 或是五常：仁、義、禮、智、信，是我設定的課程目標之一，是我要放進去的課程元素。當然可以開放給學生，加上第七個、第八個，或者這六個具體行為在長時間的課程中，應該是浮動調整的，學生若都做到了，已不需要再被討論時，這就應該要重新定義討論新的正向行為準則。在工作坊發表，是教學相長的學習平臺，也是很棒的經驗。

老師引導之必要

　　當我們把反思的主導權交給學生後，老師的角色就更為重要。學生自主反思引導之時，老師作為觀察者、引導者，在旁隨時介入引導、提問，可以說明團隊的對話更趨向課程核心。可能會有人提問，這樣的介入，會不會干擾學生自主反思的主體性？

　　老師的提問引導，必須有方法步驟，引導討論更聚焦。老師的引導不是引領討論內容，或是作結論。學生在 FVC 的討論中，會自然趨向一個正向檢視、討論的循環，賦權給學生自己來主導，就會看見學生成長的幅度。老師的介入，指的是一些關於課程主軸的提醒。時刻提醒學生，和當下主題活動的連結，這樣就能回應整體課程脈絡，

更趨近課程目標的設定。

老師如果有受過引導技巧的訓練，可以應用 3W、4F 或是 O.R.I.D. 等不同的引導法，因著前段學生自主反思的內容，引領學生作總結，這也是很不錯的方法。在教學現場，學校的老師們給我回饋，當他們用引導技巧作總結時，幫助學生反思他們自主反思的歷程，可以更聚焦。

在實踐的歷程中，很多班主任跟我回饋，先由學生小隊自主反思，老師再介入引導，有時候不需要遵照引導技術的層次脈絡提問，因為多數學生都已經談到 4F 中「發現」Finding 和「未來」Future 的層次，老師多是順著引導討論的當下，給予一些學生未考慮到的面向，這也是很重要的角色扮演。另外，老師回饋最多的是，讓學生自主反思，可以深入觀察每個孩子的人格特質，瞭解學生在人際互動上的優缺點，老師和學生私下的互動對話，就可以更有層次和深度，學生也會更認同，老師是真心的關照以及提供幫助。

FVC 本土化的試煉

　　我在單車環島騎行活動課程中，發現 FVC 反思效益後，我就嘗試著做轉化，我稱之為華人版的 FVC，我將五常品德：仁、義、禮、智、信，放在一帶一路研學旅行課程中，其中兩天一夜敦煌戈壁沙漠徒步的挑戰中，更能促進學生五常品格的體驗和深化，同時也回應中華傳統文化價值，對我來說，這是極富創意，又讓我驚喜的課程設計與實踐。

　　我摘錄《論語》對五常的釋義，作為一個討論框架。輔以相關故事、新聞作為閱讀材料。是為五常的預備課程，讓學生有一個初步概念，互相激盪討論。前期的準備工作，同時也針對班主任，進行五常

體驗活動的培訓，透過遊戲體驗來對應五常，幫助老師引導學生連結，在反思討論時能夠有感。雙管齊下的鋪陳，最後才請學生討論和定義，發展出每個小隊，自己對五常的定義和準則。以下節選學生討論的定義和準則。

五常	定義	正向行為準則
仁	仁厚	1. 在隊員遇到困難時，應想方設法幫助。 2. 在隊員做錯事時，應寬容並原諒。
義	勇敢、公正	1. 遇到困難直球對決。 2. 勇於接受挑戰。
禮	包容、尊重	1. 對待他人誠懇有教養。 2. 儀容整潔。
智	智慧、明辨	1. 做事之前要有計劃。 2. 當發生錯誤時，要瞭解事情的緣由。
信	言出必行、誠實	1. 遵守時間。 2. 承諾要兌現。

2018 年四月，帶著 286 位學生，從敦煌西千佛洞一路往西，穿越戈壁、沙漠，第二日抵達陽關。行前在學校平日晚上要求學生登階、跑三千公尺，以及兩次單日徒步 26 公里的訓練。五常則從行前訓練時開始導入，老師和學生都在練習應用，讓大家養成習慣、熟悉討論模式和氛圍，在長天數的正式活動課程中，效益就會愈加提高。

走沙漠的挑戰，主要回應古人走在絲綢之路之艱辛。一望無際的荒漠，毫無景色可言，只有一步一步往前，靠著同行夥伴的相互打氣

自主反思力 以學生為本的活動課程設計與實踐

加油，才能走完全程。在徒步過程中，五常的具體行為就在其中不斷體現，小隊夥伴如何相互觀察、提醒、反思五常實踐與否，就在挑戰的每個當下。

在學生的反思紀錄中，有一段是這樣寫：「我覺得沒有做到的是仁吧！比如說，我們班有個男同學，徒步時一直停下的時候，大家都在責罵他，所以我想跟他道歉。」學生若能挺身而出，是不是有機會實踐「義」？這都是反思時可以再延伸的議題。

我企圖弘揚中華文化，以回應源自西方的 FVC，是一東西文化的融合與創造，希望這樣的創新，能帶給讀者有更多的想像和嘗試，在教育現場為更多的孩子，提供更實質的幫助和引導。

以 Full Value Behaviors 為導向的活動課程設計與實踐

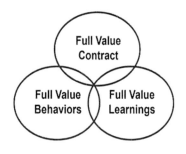

　　2017 年 9 月起，我開始在學校內的各項活動課程導入 Full Value Contract，透過學生的反思、班主任的回饋，知道學生在 FVC 框架中，能夠自主討論、修正正向行為，那麼除了分享口述外，引導員／班主任如何觀察、驗證學生的 FVC 是否實踐？*Exploring Islands of*

Healing: New Perspectives on Adventure Based Counseling 書中提到在 Full Value 的框架中，同時關連的有三個面向：Contract, Behaviors, Learnings。Project Adventure 的大老作者群們，在這本書裡面花了很長的篇幅，來細數每一個項目，並整理羅列出在人際互動裡，這六個契約延續產生的行為、要素等，可幫助課程設計、課程評量。我覺得這本 2002 年問世的書籍內容，20 年過去仍可以應用和實踐，是非常了不起的「看見」和貢獻。

換言之，Full Value 框架下，我們關注的焦點一直是「正向行為」，我認為翻成正向行為是非常精準的詮釋，此翻譯來自吳兆田（2012）《引導反思的第一本書》（頁 279）。提醒我們在最真實的人際互動中，調整自己和他人的行為，共同促進正向的團隊文化和互動。再看回原文書的三個面向：Contract, Behaviors, Learnings，17 頁的篇幅在談每個細項，我把它整理如下表，可作為引導員／班主任活動觀察使用，同時也是課程設計者的課程目標、設定活動、檢驗評量的重要依據。

Full Value Contract	Be Here	Be Safe
Full Value Behaviors	Affiliation and Aloneness 緊密聯繫↔孤立	Trust and Mistrust 信任↔懷疑
Full Value Learnings	Presence, Participation, Connection, Fun 專注當下，身心參與，聯繫互動，享受樂趣	Attention and Responsibility, Commitment, Boundaries, Relationship 關注和責任感，投入，邊界，相互關係

Full Value Contract	Be Honest	Set Goals
Full Value Behaviors	Identity/Individuation and Role Confusion 個體身分認同↔角色困擾	Initiative/Achievement and Failure/Hopelessness 計劃／收穫↔失敗／絕望
Full Value Learnings	Assessment, Feedback and Courage 評價，回饋和勇氣	Identification, Initiative, Accessing Help, Evaluation 目標確立，積極主動性，接受或提供說明，目標評估

Full Value Contract	Care for Self and Others	Let Go and Move On
Full Value Behaviors	Personal/Social Responsibility and Preoccupation with Self 個人／社會責任↔自我關注	Differentiation and Dependence 突破改變↔依賴性
Full Value Learnings	Balance, Self Care, Serving the Larger Community, Spiritual "Other" 關心自己與他人的平衡，自我關注，服務大眾，鼓舞他人	Challenge and Risk, Acceptance and Forgiveness, Transition and Change 挑戰與風險，接納與寬容，過渡與改變

註：本表整理翻譯自 Schoel, Jim, Maizell, Richard （2002）. *Exploring Islands of Healing: New Perspectives on Adventure Based Counseling.* Beverly, MA: Project Adventure, Inc. 43-60 pages.

從引導員／班主任角度的看見

Full Value Behaviors 以下簡稱 FVB，在書中所寫的是正反的行為展現，這是相對的參考和呈現，團隊中每個人的行為在正負兩端的序列中調整，當大家都能往正向行為來靠近，團隊氛圍、文化能夠被創造，目標能夠被實踐。所以從引導員的角度，可以和學生談行為的正負表述的行為，引導員要積極的面對這些衝突、不同，這樣的引導是有挑戰性的，卻也是必須的。

我透過臉書問 Jim School 我整理的表格，是不是可以讓引導員作為觀察的指標，他說可以的同時，也提醒我，以單車環島為例，可以拿 Achievement 引導學生理解，我們可能會失敗及各種可能（沒能騎完全程），讓學生在實踐的時候能夠應對一切可能的結果，就會有更多的學習。然而對引導員來說，透過活動實踐，日積月累的觀察課程中學生產生的具體行為，就能對應這個表格的元素。

從課程設計者角度的看見

Full Value Learnings 以下簡稱 FVL，我把 Learnings 翻譯成學習歷程和結果。表中所列的各項元素，是學生在活動課程中會展現的具體行為、精神，他是學習評量的依據，或者說學習成效的「證據」。也可以說以 FVB 為導向的活動課程設計，應該將其設定為教學目標，

FVL 則是對應的指標，以此作為驗證、評估。我們是透過希望學員在哪些行為的體現，來對應挑選活動專案、流程，而非被活動綁架（A 活動只能談 A 主題嗎？），這樣有意圖的設定 FVB、活動，才能切合學習者的需要，真的回應課程目標。

參考文獻：

　　Schoel, Jim, Maizell, Richard（2002）. *Exploring Islands of Healing: New Perspectives on Adventure Based Counseling.* Beverly, MA: Project Adventure, Inc. 42 page.

　　Schoel, Jim, Maizell, Richard（2002）. *Exploring Islands of Healing: New Perspectives on Adventure Based Counseling.* Beverly, MA: Project Adventure, Inc. 43-60 pages.

負向行為更是關鍵

　　每次培訓課程結束前，老師們多會問到，班上有擾亂課堂的學生，該怎麼辦？在班級、課堂若能導入 FVC，也有助於回應控班的效益。如果以 Be Here 的負向行為舉例，學生在課堂上一直說話、擾亂秩序，老師在控班面關注的焦點，就要解決學生不斷說話的問題，以期望回到正向行為，專注在課堂上。我整理一個課堂負向行為的列表，接著談我們可以怎麼回應和解決。

Full Value Contract	課堂負向行為
Be Here	1. 不斷和同學說話 2. 打瞌睡、發呆
Be Safe	1. 發言後被其他同學嘲笑 2. 大家都不發言表達
Be Honest	1. 跟老師打小報告 2. 和同學或老師說謊
Set Goals	1. 沒有班級願景 2. 沒有班級文化
Care for Self and Others	1. 擔任幹部乏人問津 2. 科目短版的學生分組沒人要
Let Go and Move On	1. 班級競賽沒有名次 2. 和他人過度比較

在老師教學端，有很多課堂策略、課堂活動，可以回應這些狀況。最簡單粗暴的作法是，請不配合課堂的學生到學務處報到，這是最不推薦的作法。這不僅沒有真正解決師生互動的問題，學生甚至會看不起老師，下次回到課堂仍故技重施。

資深的老師們，一定有很多寶貴的經驗可以分享，例如調整班級分組的策略，改由老師透過遊戲、活動隨機分組。或是班會課堂和學生引導班級文化、目標等，又或者需要家長端的共同協助，來關注到孩子的狀況。

那麼從學生端來改變負向行為，就是體現 FVC 由下而上的反

自主反思力 以學生為本的活動課程設計與實踐

思，讓學生意識到問題根本，靠學生團隊的力量，進行調整和改變。我學到最多的是，接納這些負向的行為，直球對決這些問題，而不是忽視或催眠自己，是學生不學，我只要照顧好要學習的學生！？課堂的學習氛圍是全體師生共同創造的，創造正向的文化氛圍，就能看見學生改變的軌跡和收穫。

泛 FVC 活動課程設計思路

　　這個篇章，我將分享我對泛 FVC 活動課程的設計思路，提供教學現場的老師們參考。從學習法導入，到課程項目選擇，以及反思技術應用，我將層層遞進開展說明，以提供一個完善的設計框架。

目標、文本、活動三元素

　　我認為活動課程，很重要的一個元素是情境導入。你一定去過迪士尼、環球影城等以影視文本為主題的浸潤式樂園，遊樂設施帶入不同影視文本內容，硬體鋪建、軟體（文本）導入，帶領玩家重回電影現場。這樣體驗式、遊戲化的概念，讓體驗者樂在其中。我想談的

是，我們選擇「對的」情境文本，就能活化課程、提高效益並且能響應課程目標，那麼什麼是對的情境文本？

情境文本的選擇，關聯課程目標和活動專案。這三個元素若能相互指涉、相互構聯，就能讓學習者充分投入。2012年我和時任訓育組長的呂岡侃老師，共創研發的《熱血三國隔宿露營》[1]為例，課程目標系以融入童軍技能、學科城池挑戰驗收、帶得走的能力涵養等，我們以三國為情境，讓學生化身三國將士，在野營的各項童軍活動中，累積兵力點數，最終在學科闖關攻城略地中，鍛鍊學生資源整合溝通、問題分析解決等能力。

以三國為文本展開，考慮的是文本夠深厚，這樣才能活潑展開。學生自帶的文本架構，可能來自漫畫、電視劇、電玩等，輔以各學科領域老師的三國課程融入教學，活動前的預備課程導入，到實際城池挑戰時的驗收，是活化教學的一種形式。以此課程為例，我們看到文本、活動、目標相互融合，就能激發學生極高的學習興趣。

活動選擇依據 FVB

在泛 FVC 活動課程設計中，有了前段的基本設定後，接著是在主題活動中，每個小活動段落的安排和選擇，要怎麼設定？在討論FVB 的篇章提過，活動設計者的角度，是歸整 FVC 中的各種正負向行為，然後再來選擇活動項目，更甚者要微調遊戲規則，就能回應

---

1 GreaTeach-KDP 2013 創意教學 KDP 國際認證獎 綜合活動 特優：熱血三國——獨一無二的隔宿露營。得獎者：呂岡侃、李冠皇。

FVB 的具體行為，讓學習者有感，才能在引導討論時，回應課程目標。

以一帶一路研學旅行為例，為什麼我選擇仁、義、禮、智、信當作 FVC 框架，回應課程目標，除了學術研究外，還要涵養正向品格，因此在各區段安排的活動，例如在長途火車上完成小組海報作業、在喧囂市集完成美食探訪任務，以及兩天一夜徒步沙漠等，都在回應五常 FVC 的具體行為，能不能被體現？只要把握這個視角，選擇活動專案就有根有本，而不是隨廠商起舞，將他們提供的活動專案、流程全盤照收，這樣就失去了課程的主體本位。

論證主導回應 FVC

應用「論證主導」四個步驟來實踐 FVC 課程時，就是一種多元評量的實施。學生在自主反思時，我們可以看見學生的收穫和調整，同時也在檢視老師端，課程目標對應、課程專案實施的回饋等，這些來自學生的評價和回應，是真實且寶貴的。

FVC 深化的程度，連結學習者在 FVB 行為體現的強度。所以再往回推到活動項目的選擇，我們是不是能夠精準拆解活動專案，包括規則、時間、地景的調整，來回應我們需要學習者討論的 FVC。這是環環相扣、相互影響的整體脈絡。有時候，透過學生的討論回饋，能夠看見我們設計的盲點，作為往後類似課程的修正意見，就同 FVC 自主反思一樣，在反思中不斷調整，再反思。

自主反思力 以學生為本的活動課程設計與實踐

活動課程設計回應體驗教育精神

在學校擔負活動課程設計與執行，常會有校外活動公司／拓展公司，透過其他行政單位、個人，積極和我聯絡，以取得推廣課程的機會。可能是活動場地的推薦、活動項目的說明等等，其實對學校活動組來說，有更多的資訊，可以作為內部評估開發新課程的基礎。我多請該業務代表，將資料寄給我，好讓學校評估後再聯繫。

但我卻發現，很多時候，業務推廣的角度是，某某學校也做過這個項目，是很好的案例。就他的角度是，這是一個成功案例，值得推薦給其他學校。但我會思考，別的學校做的，也是我們學校要做的嗎？這是我們的需求？還是因為別的學校有，我們也必須有，不能

「落後」、不能「沒有」？這些落後和沒有，是真的落後？真的沒有嗎？

　　學校訓育組、活動組的老師，能不能在第一階段正確地評估學校學生的需求。如果只是跟風、趕流行，那只是曇花一現，而非照顧到學生的需求。再看大一些，活動課程的創新與設計，需要搭配學校整體教學計劃、目標，和教務單位緊密討論協作，才能展開跨學科、主題式的學習體驗。

　　當我們決定要做什麼項目時，相應的軟、硬體配套：人力、物力等配置，可適度交由協力廠商協助規劃並執行；課程設計的豐富與深化，則是回到學校教師面向，由老師們加以精緻化課程內容：先備知識、教案教材、學習手冊（單）、反思引導等。年復一年地進行優化調整，這是動態調整的歷程，因著每年學生的學習成效，來做相應的教學策略調整，才有機會將整體課程趨向完備。

　　評估學生的學習效益，不只是以多元評量來看，或是師長親眼見證的成長描繪。還需要更多量化的測驗資料，來證明其效益，能更具說服力：回饋到學生身上，他能更清楚知道自己的成長曲線，更自在發展自己的優勢，對劣勢有更多的調整轉化；回饋到教學設計端，我們可以有更多的引導對話、課程設計調整。雖然這些工作細節很瑣碎繁雜，但是回歸體驗教育課程精神，不就是我們一路走來的初衷，不然，我們為何體驗？不是要去做什麼新穎的項目，而是無論做什麼項目，都能展現體驗教育的核心精神。

三

活動課程經驗談

● 隔宿露營該二十年如一日嗎？

在臉書的頁面上，時不時會看到學生轉貼一則，網友討論隔宿露營的文章。〈被操爆、吃超爛、睡超差？國二隔宿露營根本是繳錢去被虐？〉，廣大網友的回應真實且深刻，引起經歷過隔宿露營的人高度共鳴，成為一種集體記憶的網路展示。

細看這些回應，可能有些誇大，但也反映與呈現，臺灣過去二十年來，隔宿露營教育現場的微型態樣，更值得教育現場的工作者，可以多些思考：原本的教育意義、課程設計和現場引導的隊輔工作，是不是在執行上有些落差，而讓真正的參與者，有這些感受？

「睡到半夜露水太重帳篷垮掉才是悲劇」

「一群小孩根本就不會煮東西」

「帶隊的成年人根本有病」

「第一天搞得你要死要活，然後再跟你稱兄道弟，噁心。」

「還有在臉上抹黑炭的，一點都不好玩」

「前面先虐人，要結束時再說捨不得大家，所有人哭成一團，超⋯」

「隔宿辦得有意義的教育單位大有人在，每次都說培養奴性有失偏頗」

「明明就是去玩的，怎麼大家參加的好像不一樣？」

2012 年起我在學校工作，負責籌辦隔宿露營時，回想到自己國二的隔宿露營經驗，我發現流程、模式幾乎沒有改變，才驚覺這樣會不會有點恐怖？二十年前甚至更久以前，隔宿露營的模組一成不變，全臺灣國中生的隔宿露營，大家都會有相似的共同記憶：按表操課進行分站活動、炊事或烤肉、營火晚會、高空繩索、遊園闖關等等。我們還在用二十年前的方式來教育現代的孩子嗎？

因此，在學校長官、同仁的支持下，有機會改以情境包裝的方式，讓學生在情境中主動參與學習，不會因為制式的按表操課而顯得意興闌珊。從宿營搭建帳篷的情景出發，提出以「三國」為情境的佈建，作為宿營的直接呼應，以新世代孩子熟悉的線上遊戲模組，來豐富整個營隊的架構、規則。這是全臺獨一無二的隔宿露營！透過童軍技能、平面探索活動、晚會班級勁歌熱舞等，不斷累積兵力點數，為國家爭取最多兵力數，最終決戰是學科攻城略地，評估分析國家既有

資源，每班需固守一個學科城池，同時也可以攻打佔領他國的城池，訓練學生資源分析整合、問題解決等能力，同時也驗收學科學習成果。

2015 年暑假，同事跟我分享一本研究情境式隔宿露營論文，才知道中部地區至少有：彰化縣鹿鳴國中、臺中市沙鹿區鹿寮國中、南投縣延和國中等，都在實施這類情境三國的隔宿露營。劉怡君（2015）研究結論：

（1）情境式隔宿露營活動之參與者背景變項中，性別、年級、活動前有無討論在活動滿意度呈顯著差異。

（2）情境式隔宿露營活動之參與者背景變項中，性別、年級、活動前有無討論在活動效益呈顯著差異。

（3）有無線上遊戲經驗之參與者，僅在參與意願、改變意願存在差異。

（4）有無露營經驗之參與者在預期期待、活動滿意度與活動效益皆未存在差異。

（5）情境式隔宿露營活動之參與者活動滿意度在活動效益有顯著正相關。

（6）情境式隔宿露營活動之預期期待對活動效益具有預測力。

（7）情境式隔宿露營活動之活動滿意度對活動效益具有預測力。

雖然中部地區實施三國的課程內容，不同於我在臺北和呂岡侃老師創建的熱血三國課程，但就情境教學的脈絡與佈建，仍有值得參考的部分，（1）（2）的論述顯見，活動課程在行前的引導佈建，會影

響學習效益。代表熱血三國宿營前的武將班旗、武將（小隊長）會議、行前任務說明等，都是促進學生學習的重要因素。（3）的回饋，可以讓學校老師對於學生玩不玩線上遊戲和宿營的投入參與，有不同的角度，研究中指出沒玩線上遊戲的還比較期待，有別於一般老師的假設。（5）-（7）的研究結果，更正面強化情境學習的效益。該論文的研究對象主體，非我的課程內容和學生，但肯定情境學習做為課程設計的元素之一，再加上學科領域老師們的投入，是能強化學生學習興趣和效益的。

感恩教育先進給新一代的老師們，有更多創意發想實踐的場域，讓更多的學生受益。

癡心妄想，二十年後，學生回憶的隔宿露營，會不會是劉備、關羽、攻城略地？

參考文獻：

劉怡君。（2015）。國中生參與情境三國隔宿露營活動之研究。大葉大學休閒事業管理學系碩士在職專班碩士論文，彰化。

熱血三國挑戰營　狂歡式教育哲學的實踐與反思

　　2012 年首度在臺北實施熱血三國隔宿露營，2016 年起也將此課程在蘇州落地實施。在持續深耕與推動「情境體驗式課程」的理念下，我想以巴赫金（Mikhail Bakhtin）狂歡節理論，來觀察反思熱血三國教學現場的風景，究竟學生在充滿極高學習動機的自主學習下，能為教學現場帶來哪些翻轉和個性化？學生在三國現場具體的展演／表現，回饋給教學現場的師長，還可以有哪些啟發和調整？本篇將以熱血三國狂歡節景觀的書寫，及狂歡理論在教育哲學的實踐和驗證，發想更多優化的可能面向。

情境體驗學習的狂歡節景觀

狂歡節理論由巴赫金（Mikhail Bakhtin）在其著作中提出，是一種在公共場域中，由民間文化構建的慶典儀式展演，一個沒有台上／台下分界的場景，大眾藉著身體的展演，更多的是精神意志的開展。所有人既是表演者，同時也是觀眾的多重角色，共同體現出一種看待世界的角度。狂歡景觀的具體脈絡，表現在戲擬、加冕、脫冕、粗言狂語上，這些看似戲謔、歡笑的具體表現，建構成一種開放的、多元的文化與態度。

熱血三國挑戰營現場，我們看到學生化身三國眾將士（加冕），老師變身為丞相（脫冕），為將士準備丞相錦囊，做為學科學習的研讀練習材料。全年級劃分為三個國家，不同班級為武將的軍隊，為了擴充兵力，在活動歷程中，投身情境的學習者，為了國家榮譽，積極學習參與，延伸而來的是不同陣營的氣勢比拼，透過戲謔式的歡顏笑語（國家歡呼口號，誓言天下一統），國家氣勢／氛圍，在兵力點數的消長過程中，有更多的情緒起伏。

在熱血三國挑戰營中，有別於現實校園生活中，師與生、班與班的關係，在狂歡景觀的表現上，個人退去本身的「真實樣貌」，拉近了彼此的關係，促進學校文化的凝聚和體現。

巴赫金狂歡理論的哲學意蘊

劉利平（2012）從教育哲學的角度來解讀，把巴赫金的狂歡理論，最主要、最有意義的特徵界定為一種態度，一種向他者開放的態度。在熱血三國的教學過程中，學生主動而負責的思考，破除了他們

自主反思力 以學生為本的活動課程設計與實踐

思想的封閉性和自足性，讓學生在體驗中探索知識、帶走能力。

　　從學校理念、組織文化，師生共同創造的熱血三國情境式體驗學習，這是對傳統教育的「脫冕」，對國際／開放教育的「加冕」，更是對他者開放的具體實踐。劉利平（2012）把課程看成是教學事件，是一種開放的、動態的意義生成過程。在這種課程觀念中，課程不是「給定的」，它僅僅只是做為教學開始的「發源地」，教學進展的「風向標」。而師生雙方做為課程的主體，他們的分析、探索、理解、發現和創生著不斷生成的課程。

　　學生透過熱血三國攻略的引導框架，有著開放多元、創意的思考，整合國家資源，發想相應策略、執行與調整，活動歷程持續推演，兵力值與戰術動態更新變化，這是能力培養的具體表現。另外就學科攻城略地的實施情況，由學生擔任關主，接受其他班級小隊的學生挑戰 PK，老師的角色退到裁判的中立位置，給學生引導和確認學科的學習成效，是一種多元評量的展現。這些都是師與生共同創造與實踐的狂歡景觀，更體現了狂歡教育哲學精神。

情境體驗式課程的狂歡　探知識帶能力

　　熱血三國挑戰營，在課程實施的對話過程中，能夠具體的對應劉利平（2012）對教育改革現狀的提醒和訴求，他提到了三個面向的啟示：

　　（一）在學生觀上，學生是未完善的個體，不能用僵化死板的態度看待他們。

　　（二）在課程觀上，「課程即教學事件」，課程是開放的、動態

的和不斷生成的事件，不是靜態而封閉的文本。

（三）在教學觀上，教學是思維的一次次探求未知世界的探險
活動，而不是封閉地執行教案的過程。

「情境體驗式課程」，走出另一條有別於活動、有別於課程的新
闢路徑，是教育現場的創新，盼更多教育先進、工作者共同研討，讓
學生有更多自主的體驗，且能夠樂在體驗中學習、探索知識帶走
能力。

參考文獻：

劉利平（2012）。〈狂歡與教育——巴赫金狂歡理論的教育意義
解讀〉。華中師範大學教育學原理碩士論文。

榜樣的力量

2018 年起，我們讓校內高年級的學長姐，來擔任熱血三國挑戰營的教官。首創沒有外部廠商的協作，從課程設計、教官執行、學生生活照顧、後勤協作等，皆由全校的師生共同創建。學長姐經過面試甄選，開始三天兩夜的訓練營，課程包括：搭建帳篷、儀態默契訓練、童軍野外技能、平面體驗活動、營火晚會、用餐禮儀、反思引導技術等。

這些準教官們在體驗各項課程後，從學習者轉換為教學者的模擬演練，我們無不貫徹體驗式學習的概念，驗證所學最好的方式就是：「我學會了，還能將所學教會別人。」耳提面命地提醒，表達措辭、

帶領技巧直接影響學弟妹的反饋，都在指導老師們細心觀察下，給予最直接的回應和提點。

課程的核心童軍三制度

如果你問我，到底要怎麼訓練教官？我會說，以體驗為本的訓練最有效果。先讓教官體驗所有課程，設身處地從學弟妹的角度帶入，這是初為教官的學長姐們，從受訓轉化到帶領的旋轉門。我們帶學生體驗始業典禮、野外技能分站、平面拓展活動、篝火晚會等，這是活動形式的體驗，訓練講師要讓教官們知其所以然，就要理解每個活動形式的意義和由來，當教官有：「喔！原來是這樣啊！」之感，就能在自身轉化的過程中更進階。學校的活動課程，多有借用童軍運動中的三大制度的概念：「小隊」、「榮譽」、「徽章」，相互依託讓學生沉浸在互助正向的氛圍中，這是訓練團隊的老師們，最需要釐清的核心問題。

榜樣的力量傳承與反哺

我們特別邀請前一屆的學長姐教官，加入培訓團隊，一起帶領十一年級的三十八位學生。五位學長姐從擔任隊輔、活動課程的教學到才藝展演，都在展示給學弟妹看，如何擔任一位稱職的教官。榜樣的力量，在親身互動中被看見和烙印，這才是最珍貴的課程精神。十二年級學長姐可能有失誤或有不足的地方，這些也能作為借鑑，讓受訓的學員知曉，可能因為口令下達錯誤、活動規則遺漏，就會有不同的結果出現，接受這些不完美，助力正式活動不要犯相同的錯誤，這是

很棒的學習經驗。以大帶小、反哺服務，是學校以學生為本的文化體現，技能和精神，都需要被傳承和續寫歷史。

最棒的體驗學習是服務

學到不代表學會，那怎麼驗證學會了沒？當我學習後，我能夠轉化教會別人，是最直接的驗證。體驗學習強調我們身心親身體驗後，經過反思內化，轉化應用在新的事物或真實的生活情境中。教官訓練到執行，就是最棒的體驗學習。真實的訓練課程、籌備演練，到帶領學弟妹課程實施，皆在真實的生活脈絡中不斷推進，這樣的學習歷程是真實且深刻的。對學長姐本身來說，是最好的學習歷程，轉化和執行的同時，都會遇到很多挑戰，也會得到學弟妹最直接的反饋。老師、學長姊們，最開心的莫過於，每個營期結束後，學弟妹說：「我以後也要來擔任教官！」這就是榜樣的力量，學弟妹從學長姐身上，看見什麼？學到什麼？促成學弟妹能期許自己，以後也要像學長姐一樣，帶領學弟妹進行校本課程。這是學生認同學校文化的傳承，一代傳一代，創建學校反哺服務的文化。

沒有控班力，拿什麼教書？

　　當學生都不願意理你，你還要上什麼課？

　　我以最直白的釋義來破題！也是我這幾年以來，因工作任務和重心調整，有機會協助在教學現場第一線的老師們，交流互動談論，關於教師專業素養的重要議題。

　　老師們在自己的專業本科上，都是學有專精的佼佼者，大家往往多談到，如何讓學生更專注於課堂，讓老師全身心投入教學工作，老師們多希望的是，學生真的有所學、有所成長，以回應教育工作的價值。回到教學現場，如果老師沒有控班能力，課堂沒有秩序、沒有學習情境，更不用談學生如何投入學習，老師亦無法展現教學專業。

我整理出十大課堂狀況，和五大解方，提供給初任教師的新鮮人，有依循的方向。老師的培育歷程漫長且重要，軟實力的累積無法一蹴可幾，就從經驗中學習。

十大課堂狀況，反映老師沒有控班力

一、對課堂或老師有既定印象

　　學生對自己不喜歡的科目（學習成效低落），對學生間傳聞某某老師很兇、很嚴格等等，這些都成為學生對這一堂課、這位老師既存的印象。怎麼在第一堂課，掌握黃金七秒定律，讓學生對課堂改觀？對老師改觀？就是老師要下的功夫。翻轉印象後，讓學生對課堂充滿期待感，期待下次老師有什麼新招？大概這個班級的學生，也都能夠和老師良好的互動。

二、討好學生吃力不討好

　　初任老師的新鮮人，可能認為滿足學生的需求，就可以讓學生願意配合課堂教學。學生在這堂課，老師允許下可以做別堂課無法做的事情（校規規定），學生覺得這是「爽課」、「好老師」！但這真的是優秀老師，該做的嗎？

三、沒有師與生的界線

　　老師和學生稱兄道弟可以，但師和生的界線仍要清楚。新時代的孩子，和老師的互動不像從前，老師也應該順應時代演進，調整師生互動的分際。包括肢體、言語，都不能越矩。同性師生勾肩搭背，也

都可能讓學生有不同感受，宜避免之。言語上學生跟老師開玩笑，如果沒有界線開過頭了，是老師問題？還是學生問題？

四、各種理由不想上課

學生找盡各種理由，不想上課。肚子痛、生理期來了等藉故離開課堂。不帶上課用具、不願意身體力行參加動態課程等。老師怎麼回應這些狀況？班上的學生都在看，處理的好與不好，會引起連動的正反效應。

五、不斷引起老師注意

有些學生在課堂上，不斷提問、回應老師的每句話，意圖引起注意。老師怎麼回應自如，不讓學生覺得難堪或被忽視，才能讓學生感覺，我是被老師認可的，在有充分默契後，學生自然能收斂。其他學生也在觀看，老師如何盡快回到課堂裡，繼續教與學的流程。

六、學生讓老師生氣

老師可能在課堂上提醒一句，不要講話！學生可能回嘴，我沒有講話啊！你為什麼要誤會我？或是拍桌、甩門有更多情緒性動作。青少年認為，激怒老師是一種炫耀、一種我比老師厲害的狀態。老師若沒有掉進陷阱，沒有跟著情緒起伏和回應，學生也就自討沒趣了。

七、老師的心情不美麗

老師的情緒不能影響課堂氛圍。我們可以有情緒，做最真的自己，在學生面前可以表露真情，我可以為學生寫的日記、聯絡簿內容感動落淚，我可以為班際競賽獲獎給學生大大的讚美，我可以因為學

自主反思力 以學生為本的活動課程設計與實踐

生屢勸不改而痛心嚴厲提醒，但不能因為情緒牽連其他人、事，影響課堂專業。老師的言行，都在潛移默化中傳遞給學生，情緒管理是最好的身教。

八、把學生送到學務處

老師覺得學生不配合上課，就把學生送到學務處。首先判斷，如果是嚴重違反校規的，可以請學務處協處。但若是打瞌睡、叫不動等，老師也將學生送到學務處，對授課老師來說是最傷的。因為最後，學生回到課堂，他還是要面對這樣的師生互動關係。所以控班力強的老師，能夠在課堂當下或下課後，繼續和學生對話互動，以利下一堂課的風景更美麗。

九、讓學生覺得不公平

在一個班級裡，學生要的很簡單。老師是不是對所有人，同等對待。為什麼同樣犯錯，老師給 A 同學三次機會，我只有兩次機會？當學生覺得被差別對待、被針對的時候，就會影響課堂管理。無差別對待，從一而終地保持，學生對於被糾正、輔導，都會心甘情願。

十、只教書不育人

忽略課堂上學生的行為，認為只要把書教好，完成每週的教學進度，這是對教育工作的不理解，身為人師的一大誤區。除了學科專業，育人的工作更為重要。品格力培養越受重視，我們在教學現場更要身體力行實踐，在非課堂時間，用心觀察和輔導學生的行為問題，讓學生感受的愛和信任，回饋到學習上是相輔相成的。

五大控班技巧，幫助老師專注教與學

這學期，我請學校老師們閱讀《優秀老師這樣做：輕鬆應付課堂挑戰 50 招》，暑假的處室研習以此為讀本，展開討論和行動計劃，開學至今老師們在實踐中，不斷重新檢視和回顧。解決上述十大課堂狀況，我想除了個人的教學經驗外，也融合這本書的幾個重點，提出下列五個解方。控班力有了，就能更精進教學專業。

一、明確課堂規範和默契

第一堂課極為重要，除了說明學期教學大綱、學習目標和方向外，最重要的是明確課堂的規範，這是這位老師的課堂上，獨有的規範，帶著學生不斷演練養成默契，老師就能專注在教學上。這裡所說的規範、默契，在不碰觸校規的紅線範圍，可以有度的掌握。學生初犯時，給機會帶著演練，就能成為大家習以為常的默契、習慣。例如，發問要舉手經同意，才能發言。當學生忘了舉手示意就脫口提問，可以在回應提問後，和所有學生再提醒，記得先舉手經老師同意再提問，以不打亂上課節奏等。每個規範都有其對應的具體行為，資深老師都有自己一套方法來對應，進階版是讓學生參與規範的制定，更能激發學生主動性，更快形成課堂默契。

二、有原則才能獲得學生尊重

當學生屢勸不改，無法配合課堂默契，或是嚴重到觸犯校規，老師依照校規來處理時，才能立下規矩和底線。學生其實都很聰明，不斷試探老師的底線到底在哪？有經驗的老師，不會一開始就退讓，嚴謹審慎地處理，每位學生在看的就是，老師公平嗎？老師說的是真的

嗎？如果有破口，讓學生覺得，有人可以成為例外，那麼這些規範、默契都是可以打破的。反之，老師越有原則，學生越清楚，在這些原則下，我們是可以有活潑應對的空間，也更能獲得學生的尊重。

三、激發學習興趣是老師責任

每位授課老師都是杏壇武林高手，怎麼讓學生覺得學習有趣，充滿好奇、期待，進到每一堂課，這是老師們的責任和專業。活化教學的形式、技巧，武林高手各出奇招，學生可能因為喜歡老師幽默風趣、喜歡老師的上課方式、喜歡老師的評分模式等等，讓學生愛上學習有各式原因，資深老師能發揮自己的講課魅力、氣場爆棚地讓學生投入學習。

四、整堂課學生都很忙碌

讓課堂時間內，有充實的教學設計，學生不可能空下來沒事做。讓學生從頭忙到尾，動手做、小組討論、報告發表等，當學生沒有空白時間，就沒有機會作亂，也因為學習連續性、課程節奏的安排，讓學習層層遞進，全心在學習狀態中。

五、以學生角度出發的對話

學生輔導的經驗告訴我，當我從學生角度出發和學生對話，學生多數是願意接受和進入對話狀態。我常想，如果我是學生，我自己可以接受什麼？老師的態度、用詞，什麼樣的狀態是我當學生時，我自己可以接受的，哪些是我自己都無法接受的，我該怎麼回應學生，答案就呼之欲出了。當學生願意接受，而且是真的心甘情願，這樣的對

話才有意義，才有機會往進一步引導反思。

　　培養優秀的老師，師父領進門後，在經驗中不斷學習和累積，透過案例的分享，資深老師的回饋提點，可以讓新進老師更快抓到要領。教育工作者，只要從為了學生好的角度出發，我想任何難題都能克服，也能讓學生感受到愛和信任。教育之道真無他，唯愛與榜樣。

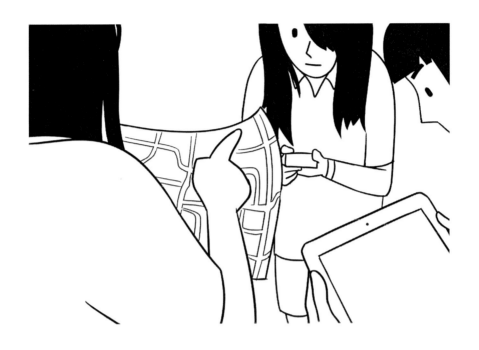

闖關冒險在教育現場的 **10** 種玩法！

　　遊戲化（Gamification）在教育現場遍地開花，能喚起學生的學習動機，有機會將學生引入學習的場域和狀態。幾年來，學科領域的老師們給我很多難題和挑戰，如何透過活動的形式，喚起學習興趣，接續裝載學科內容，到評量學習成效，就是跨領域老師們要努力的共同目標。以年級為單位的活動課程，需要透過分組闖關的模式，讓學生在小組合作中有更多情意的交流和學習，同時也能有更精緻化的體驗感，因此我想分享從活動設計者的角度出發，十種不同闖關冒險的形式，談其對應出學生的具體行為、態度之展現，供課程設計者參考和指教。

一、追蹤旅行版

追蹤旅行源自於童軍運動中的觀察、記號的訓練，記號是追蹤旅行時，用作指路標及獲得訊息的工具。轉化到現今的教學現場，透過有意義的記號（線索），指引學生從 A 點到 B 點，訓練學生解謎、觀察等能力。

二、明師指引版

若是在有限的空間，例如在校園內或是環形步道中，因為時間或場地的限制，最常見的做法就是，老師給到每個小隊一張行程表，在相應的時間，到達指定的教室或空間。缺少了解謎的樂趣，建議應該把焦點放在關卡內容上多所著墨。

三、捉對廝殺版

兩隊或多隊同時進到關卡，能夠創造競爭的氛圍，有助於強化團隊榮譽和精神。關鍵是各關卡的時間掌握，只要有關卡推遲，就需要時間等待對手小組到齊，甚或壓縮關卡的活動時間、內容。

四、科技導入版

數位載具的導入，有更多新科技的應用，能夠回應新世代學生的生活經驗。硬體工具如：手機、平板、衛星導航等，結合軟體應用：共享表單、通訊軟體、任務回報積分等，新科技使用的能力培養，在這裡扮演重要的角色。活動設計者，挑選能回應課程目標的元素加以應用。

五、使命必達版

給學生第一個任務題目，該任務必須完成，才能獲得下一個任務題，以鍛鍊學生直面問題、不放棄的解題。為了完成第一道題目，小隊成員使出渾身解數，問題解決的策略和方法，有機會在困境中不斷體現。

六、競爭合作版

適用於題庫量夠多，例如我有 120 個題目／任務點，一次性全面公開題目內容，讓全年級 10 個班 30 個小隊，自主搶分，每題只要被破解，其他隊伍不能再答。各班為了爭取高分，小隊間、班級間競爭又合作的關係，如何開展？考驗學生的策略思考和創造力。

七、攻城略地版

讓小隊的學生擔任關主，迎接其他隊伍來挑戰。相應關卡的分值可以由學生來設定，挑戰隊伍要能夠積累對應的分值，才有資格挑戰。這裡談的是學生的自主決定權更高，從擔任關主、策略規劃到闖關順序，都交給學生自己來討論和決定。

八、路人共演版

冒險歷程中，學生的關卡任務是開放性的，需要和路人、店家做更多的互動，無劇本真實演出，創造更多不確定性，更符合冒險挑戰的精神。學生和真實生活脈絡有更直接的連結，和社會真實情境是緊密結合的。

九、體能挑戰版

強調體能挑戰，從活動場域來做安排，可以是沙漠徒步、爬山

等，在完成關卡的中途，考驗參與者體能極限，在登頂或終點會有最終關卡，這樣的活動設計也常出現在綜藝節目中，放在教學場域實施，要注重強度的設計以及是否回應教學目標，以避免落入學習綜藝化的誤區。

十、角色扮演版

設定情境，讓學生化身為情境之中的角色，依著大家對情境的「集體記憶」，串聯整體故事脈絡，學生就會有更多的帶入感，躍躍欲試的挑戰關卡，化身為故事線的主角，在這個版本中，情境設定和學科內容、關卡活動多方的連結，需要情境本身的底蘊夠深厚，能創造出的火花就會更燦爛！

以上我分享的角度是活動設計發想的原型，主要是學生在情意面向的設計和體現。上述的活動形式、遊戲規則，可以交相參照、混搭，建議設計者可以反向思考：「我希望學生的具體行為是什麼？」這樣在設計規則、形式的時候，就更有著力點，有機會在活動中，看見學生的行為展現。舉例來說，我希望看到學生體驗和他人互動，因此選用路人共演版模組，請學生和路人介紹某街區的歷史、文化，在體驗中同時也在考評學生的學習成果。看見學生樂在學習，是每位教育工作者，最暖心的回饋。

● 影片作業的好處

　　2012 年我剛到學校服務時，適逢全球推動平板電腦融入教學的浪潮，我們在創新發想活動課程時，也多以科技載具的使用，添增活動性和促進學生接近使用新媒體的機會和平臺。也順勢開始要求學生，在活動課程後，能夠製作簡短的影片，作為報告繳交的形式。可別小看七年級的學生，因著平板教學導入，學生很快熟悉各項軟體應用，在平板上滑來滑去，影片初剪的大樣，就能出爐了。學生常抱怨，為啥我的課都要做影片啊？今天就來分享，請學生製作影片作為學習評量，老師們背後的用心。

　　2012 年迄今，有兩位學生的作品，完成度極高，讓我甘拜下

風。2014 年八年級江東翰，在大稻埕城市探索[1]後，能完整記錄小隊探索歷程、反思學習收穫，令人驚豔。另一位則是 2019 年十年級吳鎮宇，以鏡頭視角多元、節奏分明緊湊，視覺流暢，更有反思談話回應單車環島的課程主題。這兩部作品，都讓我看見學生的無限可能性，這是屬於新媒體世代的表徵。

一、學生所處的新媒世代

學生所處的新媒體時代，接收媒介訊息，透過多元的自媒體平臺，快速傳遞新知、趣聞等。視覺影像的積累，就是長時間浸潤的結果。所有學習皆從模仿開始，才有機會內化成為自己的風格。我記得我大一有一門視覺傳播課，輔仁大學唐維敏教授，特別要我們多看多累積，各式各樣的影像作品。這個提醒，對我來說很受用。我也鼓勵對影像製作有興趣的學生，在看各類影片的時候，分析攝影鏡頭的運動、剪接手法。換你上手時，就能從借鏡、致敬到創新屬於自己的風格。

二、學生視角的歷程梳理

為什麼要請學生在活動後，製作影片？為了呈現反思影片，學生在活動時，就要開始記錄！這是學生觀點的回看，活動任務的解決歷程，活動後的心得回饋等。我更多的認為，拍攝者或被拍攝的學生，在活動課程當下，有兩種角色互換，是參與者也是引導者。我應該怎

---

1 GreaTeach-KDP 2014 創意教學 KDP 國際認證獎 社會 特優：歷史走出課本──奔 Fun 古今大稻埕。得獎者：陳逸芸、呂岡侃、王文德、李冠皇。

麼拍？我應該怎麼說？這些都在反思的框架狀態中，不斷碰撞和產出。最後，學生視角的作品，讓課程設計者（教師團隊），得到更多的反饋，看見挑戰任務的設計、預備課程的延伸，對學生來說是不是有回應教學目標？這是最直接且真實的回饋。

三、學生外顯能力的培養

活動課程係培養學生帶得走的能力，當我們要求學生製作影片時，活動現場，團隊的分工就出現雙軌並進，一是活動任務挑戰，二是影片製作分工。以問題解決能力來說，要解決課程任務，也要解決拍攝角度、路人願意受訪？到後期的製作，怎麼把小組素材整合、討論，最後編輯完成？這是一種跨域的能力整合，團隊應戰比起單打獨鬥來得複雜、困難，但這些能力的培養，就是最好的學習歷程。

四、學生內在反思的力量

跨域整合的能力，除了外顯的酷炫形式，更多的是需要內省的力量，襯托出作品的深度。有外在形式外，還需要有條有理的文字內容，可以是訪問、旁白或是文字，我稱之為反思力。透過作品能夠瞭解，學生在活動課程中，究竟學到哪些東西？鼓勵學生說真話，可以抱怨雷隊友、老師的題目太簡單，但這些情緒回饋後，在主要課題上的反饋，更是老師期待看到的。所以，布置作業時，我會給學生一些參考框架，引導學生，要記得回到最核心的反思學習收穫。

五、學生未來職涯的探索

我不是大學傳播院系的招生官，但我想透過這樣的作業安排，讓

有興趣傳媒的學生，在這個平臺能夠盡情發揮，因為在小隊中，每個人的角色、特長絕不相同，在活動場域對傳媒有興趣的學生，自然會抓住機會，因為他們在做的事情是自己喜歡的，他就會做得更好、更卓越。讓有興趣的夥伴，天賦自由發揮吧！當自媒體成為日常所見，新世代的學生，需要知道最基本的影片剪輯，這也是一種媒體素養的建立，能對影像成品有基本的判斷和識別。

當全世界都在鼓勵，回歸紙本教學的當下，引領影像世代由動而靜，是我們要面對的課題。

自主反思力 以學生為本的活動課程設計與實踐

有底蘊的情境　豐厚學習層次

　　高中階段就讀國際學校的孩子，目標都很清楚，將來要到國外念大學，學習的課程內容多元，東、西課程與文化兼顧，我特別認同莊勝利校長說過的一句話：「出得了國門，也要回得了家門。」學生到國外之後，必然面對不同文化的碰撞，瞭解自身傳統文化，進而繼承和發揚，宣揚文化自信。本篇我想分享在活動課程的發想和設計，我們是怎麼創造涵養學生文化意識的契機？

情境有底蘊活動才豐厚

　　我以在蘇州昆山實施的七年級活動課程為例，係以蘇州文化主題

課程為核心，教學團隊提出，要讓學生化身為秀才，在各活動中相互比拚。我則提問，學生化身秀才，他有什麼追逐的目標？能促進學生想要投入，更積極的參與？秀才之後能進階成什麼？透過什麼機制？能夠從既有的文化脈絡，加以借代和引用？

蘇州文化課程裡談到的科舉制度、平江路歷史街區的狀元館，都能相互指涉和對應，因此構想出整體的情境設定，關係了活動流程、規則、積分及競賽成果。16 個班級，化身江南四大才子陣營，苦讀四書五經（學習關卡），通過鄉試、會試到殿試（成果驗收），在放大版的四書五經上，爭取蓋上校訓印章的數量來比拚，以定論誰是狀元郎！

情境設定回應學科學習

情境設定，如果能和學習主題相互契合，讓學生更好的投入其中，讓情境和學習不是斷裂、切割的。才子要苦讀詩書（積極參與搶分），才有機會成為狀元。該活動課兩大軸心：新生適應以及蘇州文化課。四大陣營在四大活動模組跑站：（1）學習技能（2）學校文化（3）蘇州文化探究報告（4）蘇州平江路城市探索。

四書五經分別代表各個關卡，但我覺得還可以更細節的去鋪陳和對應，例如《中庸》為什麼代表某個環節活動？能給學生更多的帶入感，情境學習的效益會更高，是我們來年要精進的目標。情境塑造，讓學習變得有趣和好玩，最怕的是「虛有其表」的情境，借用各種電影、小說、漫畫，少了底蘊能夠深掘以外，也無法對應學習主軸，整體的活動就顯薄弱無章。

文化底蘊玩出認同與自信

　　把傳統文化融進活動課程，除了新生成長營秀才到狀元的設計，在其它年段活動課程也多有著墨。我們帶學生一帶一路研學旅行時，我把仁、義、禮、智、信五常品德貫穿到整趟旅程，其中兩天一夜的沙漠徒步，更能看見學生在五常品德反思的深度。又或者我把三天兩夜的營地教育活動，以三國情境來鋪陳，學生化身三國戰士，學習野外技能爭取兵力，最後在學科攻城略地時，考驗學生策略規劃、資源整合、問題解決等能力，以爭取天下霸業。

　　這些都是讓學生親身體驗，在活動中去涵養傳統文化，更是回應學校的教育理念：厚植東方文化，深蘊西方思維。各地文化皆有脈絡和意義，都是各學科領域有機會連結和設計的基底。作為課程設計和執行的角色，每每看見孩子全身心投入其中，在活動中高聲呼喊、盡情奔跑，就是最溫暖的回饋。

關鍵詞反思引導的關鍵

我曾經帶領 380 多位學生,在十多天的絲路研學旅行中,安排兩天一夜 50 公里戈壁沙漠徒步挑戰。完成挑戰後的反思引導,我嘗試以五個關鍵詞,請學生回應表達,全場學生專注聆聽、思考,這樣的反思框架、形式,是學生能接受和喜歡的。我就此案例,多些書寫和紀錄。

苦行的前置引導

本次研學課程為期十天,一帶一路西遊研學為題,除了學術課程的鋪墊、實地探查等,安排兩天一夜徒步挑戰,重走絲綢之路以回應

西行之苦。徒步前我們到莫高窟參觀洞窟，另有半天參加「念念敦煌」互動體驗式講座，以釋迦牟尼成佛的動畫片為前置引導，擬人化心魔的各種形象後，請每位學生彩繪動畫裡的心魔形象，現場所有人繪製後掃描，再拚入動畫片中，紀錄所有人一起完成的紀念版動畫。等待影片輸出前，繼續以莫高窟為主題進行講座。學生對於 Q 版心魔的形象特別有感，就成為我反思引導的靈感。和參加者的情境脈絡連結，學生才會有感、有所思。

遊戲化的問答

我以「夜行」、「五常」、「心魔」、「磨難」、「悟道」五個關鍵詞，展開這一晚的反思引導談話。我先邀請各聯盟（五常聯盟）各派一位代表上臺，學生並不知道五個關鍵詞，每秀出一個關鍵詞，想要分享的學生自己上前一步。這樣的設計，考驗五位學生的即時反應和回饋；臺下的同學，也在觀看期待，臺上五位同學會怎麼回應和表達。對引導員來說，我更要接續回應每位學生的發表，繼續提問以回應各關鍵詞的焦點，極具挑戰性。

關鍵詞引導的關鍵所在

透過關鍵詞的設定，學生能夠往這個主題脈絡靠近。先談五個關鍵詞的順序脈絡，也是以「事實」、「感受」、「發現」、「未來」的順序做設定。每位學生上臺的段落，仍以發現和未來接續提問，才能聚焦對話內容。關鍵詞的應用，就像圖卡反思、物品反思，作為一個媒介，讓學習者進行連結內化，對青少年朋友來說，這樣的形式接受度

是很高的。另外就情境引導的部分，敦煌影片的前置引導（心魔）和學生親自徒步體驗苦行的連結，才能讓學生有感而發，這才是關鍵之所在。

● 第一次接行政工作就上手

　　幾年前帶學生參加童軍國際活動或縣市活動時，常能和公立學校的訓育組長、活動組長、童軍團長交流。也瞭解到多數公校，行政工作多交給新報到的老師接手，網路上也很多討論對於接手行政工作的焦慮和擔心。這一篇談論的焦點是方向性，再靠充滿智慧的教育前輩、新進教育工作者創意發揮。

　　訓育工作舉凡校內的大小活動：開學典禮、校慶活動、班會、集會、週會、月會、模範生選舉、學生會選舉、社團活動、校外教學、畢業旅行、節慶活動等和學生活動相關的輔導工作。面對校內各項活動的推展，更需要組內合作分工、還需要學務處內其他組的支援配

合，這絕對是我自己最有體會的部分。我僅分享個人的一些經驗，對於訓育工作可以立基於哪些面向來著手，分享給新手行政老師們。

一、活動課程精緻化

訓育工作龐雜不輕鬆，所以找年輕老師，在體力上的考慮上的確較能勝任。訓育工作不是只要會辦活動就好，而是怎麼把活動變成課程，不再只是單打獨鬥的完成活動，而是能開展主題式課程，跨領域的對話討論，加深加廣學習效益，這才符合訓育工作其教育精神。當然學務處訓育工作在方方面面，更要符應學校理念，才能順水推舟地讓學生受益。

二、讓學生又愛又懼

我這裡所說的又愛又懼，是指讚美、肯定、關注表現優異的社團幹部、服務性社團學生等，因為學生在準備各項活動時，行政老師們需要提供更多的後援、諮詢，因此學生和學務處老師的互動頻繁，每每利用下課時間、中午休息時間等。怎麼讓學生知道，處理各項事務的原則、規矩，需要老師有藝術地身體力行，犯錯或違規則須重新繳交、或重走程序，讓學生知道依循規則。相反地當夥伴表現很好、突出，公開地讚美、表達關注，學生會知道老師記得我的好表現、老師注意到我，正向給予回饋，他會表現更好。所以每次有學生說：老師，難道我們不能犯錯嗎？這般不負責任的態度，常讓我內心三把火，但還是要回應：在學校當然可以犯錯，而現在的提醒，是要你面對然後做調整，以後就不用這麼麻煩了。我想，多數的夥伴都知道，老師們要給的就是一個機會教育。

自主反思力 以學生為本的活動課程設計與實踐

三、家校溝通要密切

訓育組承辦各項活動，多透過班主任和家長溝通，關係收費、效益、準備物品等聯絡傳達。所以訓育工作和班主任，需要更多的溝通，要站在同一立場，清楚傳遞訊息。我常常是拜託班主任協助各項工作，回收報名表、分隊分房表等，無一不透過班主任配合，才能做好這項工作業務，所以有更暢通的溝通，讓老師瞭解活動意義、效益等說明，才能讓家長更快更好地理解。

四、行政跨部門協同

辦理各項活動，需要校內其他行政單位的協助，才能順利推動。活動課程需要教務單位和學科老師聯手推動，進行課程設計與教學，活動相關設備添購、採買、布置，需要總務部門各組的協助支援，還有其他諸如交通車、餐點安排等等，都是跨部門溝通協作的成果，才能成就各項活動。真的很感謝學校各個部門在各項細節的協助，才能讓訓育工作順利。

五、外部資源要累積

訓育組需要累積活動相關的人脈、資源，例如：其他學校的訓育組老師、旅行社、活動場地、活動器材等廠商，多瞭解各地資源的產品、應用現況，這樣哪天有什麼任務由長官指派下來時，就能連結應用，客製化屬於自己學校的課程。

行政工作不僅只是完成行政業務，更不要忘記自己是教育工作者，在發想與執行訓育工作時，從教育角度出發，我想方向性決對是不會錯的，只是每個人在評估學校內外部的情勢，而能讓訓育教育工

作，做得多廣多深，或是淺碟式地進行活動就作罷，很多時候不是一個人，就能改變和調整的，但要堅持直到找到同行的人。我喜歡和青少年在一起，所以我熱愛教育工作，希望越來越多的教育新夥伴，要撐住、要不忘初心的投身教育工作，第一次接行政就上手，多問、多看、多學包準不會錯！

● 破解課程紀錄片五大迷思！？

活動課程／培訓課程紀錄片，在市場上有很多拍片專家，拍攝技巧都在水準之上，但最後的成品，如何回應親、師、生的期待？我想是很多負責活動課程的老師們，可能面臨的問題。

自 2009 年起，我陸續擔任和攝影廠商對接的承辦人，無論在企業培訓的戶外課程、學校活動課程的紀錄片，從不符合期望、修改 N 次版本，到後期能夠符合工作單位的需求，也更順利的和攝影廠商充分溝通。即使我有傳播系所科班養成的洗禮，要將教育界和傳播界的融合歷程，是有那麼一段辛酸血淚史的。和大家分享，我整理出的五大迷思，分享給同為培訓課程設計執行端的夥伴，也許可以少走些冤枉路。

一、硬體高規，才能拍出大片？

有些攝影廠商會強調，攝影機、航拍機、穩定器、畫質像素等硬體規格，這些當然都很重要，但怎麼選擇，就需要回到課程的設計。需要穿戴式攝影機，拍出學員的視角？還是需要呈現在水下翻滾、騎行速度等體驗感的活潑再現？我需要考量的是，是為了畫面「好看」，投入重本，最後產出只有幾秒鐘？還是回歸紀錄片要呈現什麼主題，來看待硬體的需求？有時候，武器不用多，貴在精用。

二、便宜沒好貨，性價比怎麼評？

便宜肯定沒好貨嗎？我的經驗是，只要不違背市場均價，就不至於太離譜。一開始當然會和不同廠商合作，找出彼此合拍的默契，就能讓作品在創作者和需求者之間達成一定的平衡。下次我還要不要繼續找這家廠商？取決於性價比，我則是以閱聽眾的回饋來評估，受眾的回饋是最真實的，也在回應課程設計、攝影紀錄的視角和產出，是不是能讓看到影片的人有感受。

三、拍剪分工細緻，才是專業？

越來越多的攝影公司，強調剪拍分離。對傳播行業來說，這是專業分工化，就是拆解不同工作項目，讓專業的來吧！那對我們需求者來說，會遇到什麼問題？當初和我談案子的業務或導演，和現場拍攝的團隊，到最後剪接影片的人，很可能是三個不同團隊，溝通的過程就會格外辛苦！甚至我遇過修改 N 次，仍無法達到我的要求，因為在拍攝的當下，已經沒有按照我的要求來進行（誤解或傳遞不全），沒有這些拍攝素材，就更不可能完成理想作品。因此我會建議，盡量

自主反思力 以學生為本的活動課程設計與實踐

找談案子、拍攝、剪輯的人，採編導一貫化的操作，或說溝通層級降低，這樣才較有把握，貼近需求。

四、紀錄流程，還是課程特色？

我習慣在事前和攝影師談，課程設計的核心。我不擔心攝影畫面、風格，我最關心的是訪問主軸。以單車環島課為例，在活動日程中，不管問學生受傷、堅持、成就感等，我請攝影團隊，都要回到問學生 FVC 的看法、連結。這樣接續到剪接階段時，就能體現我們要的既有騎行畫面／臺灣美景、也有學生反思，這樣才能回應課程特色。可以避免落入紀錄流水帳，只看到學生照表操課的完成各個項目，沒有「故事」的軸線、沒有「反思」的核心，這樣不及格的紀錄片，沒有張力、沒有拳拳到肉，是很可惜的。

我也碰過，有攝影師一路跟拍師長用餐、上臺講話或訪問，卻忽略了影片的主角，其實是學生。所以我承辦的課程紀錄片，很少看到師長的訪問片段，能夠以學生自己發言來串連影片，就是最直接的看見學習收穫。那麼對攝影團隊來說，也需要明確的主軸，才能拍攝、剪輯出這類的活動課程紀錄片。某種程度來說，攝影師其實在扮演引導員的工作，學生在休息時，在接受訪問的時候，已經在回饋對話，才能符應活動課程的特色。

五、成品 TA 的設定，關係滿意度？

和攝影團隊互動時，我一定會說明清楚目標受眾（Target Audience），也就是這部作品出來後，到底要做什麼用的？要做什麼用，就成為影片的整體風格展現：是歌功頌德領導辛苦視導？是彰顯

學生勇於挑戰冒險的精神？是表現課程設計脈絡，作為企業內部培訓的影片？要拿來廣告宣傳和做為課程紀錄片，又是完全不同的視角。

我在先前服務的企業培訓公司，曾經參與一個業務團隊培訓的案子：臺北陽明山東西大縱走的課程，透過拍攝到的素材，體現出企業內部人員的具體行為、團隊文化，影片既呈現了堅毅不懈的精神外，拆解這些行為文化，有章節片段的帶入，影片能成為該公司，在教育訓練時，分享的最真實貼近的案例。

最契合的莫過於共同成長

這幾年都在學校服務，不同學習年段有固定的活動課程，每年如何拍出新作品，是很有挑戰的！我和攝影團隊都在不斷溝通中，找出創新改變的契機，可能是呈現風格、可能是主軸焦點更動，課程年年調整深化，就有更多的可能性、開創性，也因著大家更加熟悉彼此，彼此能有更精準的共識，讓作品更符合期待。

能在業界打滾的，攝影專業技術都有一定水準。就教育培訓立場來說，我們更願意找具有軟實力的攝影行家，共同完成課程紀錄片的拍攝與製作。這裡所指的軟實力，除了影片的創意形式外，更多的是和需求單位的充分溝通，還有下工夫的去瞭解培訓課程的設計和內容，奠基在這個基礎上，完成品能符合雙方的想像和期待，就八九不離十了。我們也在接受傳播行業專家的角度、想法，共同討論和完成作品，這是雙方共同成長的學習歷程。

自主反思力 以學生為本的活動課程設計與實踐

單車環島圓滿成功

四

親師生的感動與回饋

● 爸媽欣喜孩子成長蛻變

01　一封特別的家書

文／許靜宜（陳睿一媽媽）

　　做為父母，我們本身就喜歡戶外活動，但很難有足夠的時間、資源，帶著孩子環島騎行。學校能夠組織帶領孩子走出教室，到戶外進行冒險挑戰課程，藉由同儕助力群性發展，這是非常珍貴的機會，鍛煉孩子面對困難、體現堅毅精神等，讓孩子有能力，面對生命的各種挑戰，這是一種體驗和磨練。

老師邀請我們在孩子出發前，寫一封家書交給班主任。在其中最辛苦的騎行日當晚，老師把這封家書遞給學生。家長們透過直播的畫面，期待又興奮看著，自己的孩子拿到信的反應是什麼？隔著螢幕，我看到自己的兒子，愁眉不展、眼神落寞地掉下眼淚，心想我和他老爸的文筆還不錯，讓孩子有所觸動。

　　晚上進宿舍休息時，我興奮的和他通話，想要分享爸媽寫家書時的心情，孩子問我：「為什麼家書內，還有學費的收據，這有什麼涵義？」我才驚覺，那天給了孩子爸爸兩個信封，收據和家書就搞混了放在一起。孩子接著說：「我會好好唸書，供我唸書確實花了不少錢！」沒想到這個陰錯陽差的家書，卻也帶給孩子不同的刺激和反思。從此這封特別的家書，就成為我們家，最印象深刻的回憶之一。

　　孩子每天騎行結束，要小隊自主反思、班級分享到大團隊的課程總結，在轉播的畫面中，我看到孩子具體的討論成果，相互提醒、加油打氣等，無形中家長們也在孩子的反思內容中，有更多的學習，原來活動體驗後，需要有反思的段落，帶領大家回顧歷程、情緒抒發、連結個人經驗，到提出行動計劃。都在刺激我們，看見教育現場，多元開放的教學法，來引領新世代的孩子成長。

　　我還記得，我站在騎行終點線迎接孩子，一起參加了成年典禮，非常有儀式感，在完成艱鉅挑戰後的榮耀禮讚，孩子確實長大、成熟不少。對家長來說，就像在跟大家說：我的孩子長大了，他可以獨立自主，更有責任擔當的往前走了！

　　此前，我根本無法想像，我的孩子能完成單車環島一千公里的挑戰！當我看到他帶著同學們，一起抵達終點，同學間彼此照應，鼓勵

　自主反思力　以學生為本的活動課程設計與實踐

騎不動的夥伴，這些點滴的歷程，都足夠證明，孩子長大了！社會適應能力的展現，更讓我們做父母的放心，放手讓孩子勇敢往前，更有韌性地面對人生的挑戰。

 KK 老師趣反思：

　　一封特別的家書，觸發學生更深層的思考，顯見學生成熟的思維，還有家庭教育的成功。外顯的看到孩子完成挑戰，就真的長大成人嗎？我們更看重的是，內在涵養提升，品德和社會適應能力的體現，是新世代的孩子，在社會站穩腳步的重要基石。活動只是一個經驗模擬，透過反思內化，學生真正帶進自己的生命裡，才是此類活動課程，最珍貴的核心價值。

02 課本裡沒教的事
文／吳麗如（張凱琳媽媽）

　　我非常支持，孩子參加具有挑戰性的活動課程。徒步戈壁沙漠、單車環島騎行正式出發前，學校會組織行前訓練，每每看著老師發來孩子們訓練的照片、影片，心中就有滿滿的感動和期待。更不用說，當孩子正式挑戰時，透過手機螢幕看到的照片、影片、直播，都能強烈感受到他們正在用青春的熱情，經歷著挑戰與磨練。

　　我很認同教育專家們說的，個人的社會適應能力，絕對不是書本上可以教出來的！這些讓孩子走出去冒險的活動課程，真正讓孩子帶走能力。絕對不只有體能鍛鍊、運動強身，還有挑戰歷程中的各種能力的學習：學習團隊溝通、設定目標、解決問題等。都讓孩子在親身實踐中，自己學到、學會。

　　更值得一提的是，我的孩子在課業最重的一年，主動爭取擔任學弟妹熱血三國挑戰營的活動教官。經歷了自薦、選拔及魔鬼訓練，這些孩子的能力，更加進階和提升。他們將自己之前參加活動課程的體驗，融合嚴格有序的培訓課程，突顯個人特質，將領導力以及輔導能力，發揮到極致，讓學弟妹們在活動中，感受到學長姐們滿滿的能量。

　　這些活動課程後，都有一個段落叫「反思」，我覺得這是非常關鍵的一環。一天的活動下來，雖然大家都累了，但在反思時，大家圍圈肩並肩坐在一起，聊聊當天完成目標，及未完成的事項，為的是讓彼此相互看到優點和缺點，知道進步的空間在哪裡，要怎麼改進，讓

　自主反思力　以學生為本的活動課程設計與實踐

自己和團隊夥伴，在隔日可以做得更好。讓孩子靜下心來沉澱反思，是深化學習的關鍵時刻。

　　孩子長大後，會離開家庭的保護及好友環繞的舒適圈，到新的環境，獨自開始新的求學生涯、工作職涯，前方的路還很遠很長，我的孩子很幸運，能在這些活動課程中磨礪成長，預備了可以受用一輩子的社會適應能力。

 KK 老師趣反思：

　　給孩子看一百本關於堅毅的書，孩子就能夠學會堅毅？知識、技能的學習，都能明確量化，驗收學習成果，但關於情意的範疇，唯有透過體驗式學習的實踐，觸發學習動機，讓學習者全身心投入學習場域，才有機會內化帶走「能力」。

03　十六歲的單車環島騎行

文／羅麗敏（鄭伊庭媽媽）

回想自己 16 歲時，為了升學埋守在書堆裡。我 16 歲的女兒，卻跟著學校老師，騎著單車去環島。

單車環島看似容易卻也不易，因為這不是個人秀，而是一群人，一個團隊，必須靠著同儕之間的扶持，一起完成的艱鉅任務。尤其我女兒在騎行訓練時，因為自己稍不注意，摔了車，所以她在正式騎行時，特別小心翼翼，怕自己再度摔車，但是身為小隊長的她，為了關照整個團隊，還有自身的安全，所以怎麼提高團隊的效率和積極性，幫助大家能安全完成每日的騎行里程，正考驗著她的協調與應變能力。

她跟我分享說，在騎壽卡爬坡段時，差點想下來牽車，但她又希望環島證書上，能記錄著騎完全程的公里數，所以靠著明確的目標和自身的願力，她撐過了頗有難度的挑戰路段。當她在壽卡鐵馬驛站看到我們時，原以為很堅強的她，突然跑過來抱住我撒嬌，我還傻傻地問她怎麼了？她說就想抱著我，因為在她覺得最累、最辛苦的時候，能看到爸媽，給了她最大的鼓勵和安慰。

在此之前，覺得她從小就會騎自行車，騎行對她來說，應該不是一件難事，沒想到環島騎行的路上，天氣又濕又冷、山路上坡、下坡不斷交替，都增加了挑戰的難度。即使她摔車了，隨車醫務人員要她上車休息，她都不願意，還強忍著皮肉傷痛繼續騎。晚上視訊通話時，看到她身上大大小小的擦傷，我的心裡揪了一下，看著特別不

捨，但也為女兒堅持不懈的精神，感到驕傲無比。

　　我想這種永不放棄、堅持到底的精神，連我們大人都不見得會有，而她竟然還能騎完全程，完成這不可能的任務。是什麼樣的力量改變了她？是什麼樣的信念支持了她？回顧騎行的點滴，沒有親身經歷過，就沒法體驗到，一個人的力量有限，因為跟著一群人一起走，力量就會無限放大，就如同課程的精神：一個人可以走的很快，但一群人可以走的很遠。

　　如果以閩南話「轉大人」來看，孩子踩著踏板，讓單車輪胎不斷轉動，完成一千公里的騎行挑戰，象徵著長大成人，這就是我們送給孩子，最珍貴的成年禮讚。

KK 老師趣反思：

　　每次在單車環島課程的家長說明會，我多會以爸媽的擔心和期待作為引言。爸媽期待孩子勇於面對困難，完成騎行，同時也擔心孩子會不會受傷、能不能吃苦？懷著忐忑的心情，陪著孩子行前訓練、體能鍛煉，到正式環島騎行抵達終點，才發現孩子比我們想像的勇敢、堅毅，真正的見證孩子的成長與蛻變。

老師的引導與陪伴

01 反思的價值和意義
文／邵嘯 老師

我能陪孩子走完戈壁沙漠徒步，是我人生之中，在教育現場最寶貴的一段回憶。

時代，造就不一樣的生活環境！想當初 90 後的我們，由於國家的發展階段不一樣，我們的生活環境相對於今天來講是比較落後的，同時也面臨著很多的困難，這些都是我們自己去克服。適應環境、解

自主反思力 以學生為本的活動課程設計與實踐

決問題的過程，就是提高綜合素質的過程。對於新世代的孩子，透過具有挑戰性的活動課程，可以培養學生更多帶得走的能力，自己去親身體驗，才能夠成長的更堅韌，更具有適應性。

戈壁沙漠徒步以五常：仁、義、禮、智、信，通過活動去引導反思，可以切實的掌握學生們心中所想所思，也精確的掌握學生們所處的情境和狀態。從行前訓練開始，就能明顯的感覺到，學生們的體力跟不上，由於體力的欠缺，帶來思想、意念的分歧，也會導致抱怨的產生；同學們之間更多的是只顧自己，而不會照顧他人，在反思的時候，還不能進入狀態，討論的深度也不夠。

一帶一路研學旅行，正式開始後，隨著每天不斷的自主反思，團隊氛圍和狀態更加緊密，一直到兩天一夜戈壁沙漠徒步，我才真正體會到反思的效益。在五常自主反思的框架中，學生彼此就像一部錄影機，把每個學生的成長都記錄下來，不斷提醒彼此，在仁、義、禮、智、信中，我們訂出的準則，有沒有確實做到，來回應當天的實況。

戈壁沙漠，不像平地，會出現走一步退半步，甚至走一步腳就陷進沙子裡的情況。這樣的困難，學生們卻沒有了之前的抱怨，更多的是相互幫助、相互鼓勵，陌生艱難的環境更讓學生們知道，彼此之間的相互扶持，看見和理解每個人的特質：會有專門領頭帶隊的學生，會有負責加油打氣的隊友，也會有細心地準備徒步補給的夥伴。無形之中，就在體現五常的意義。

最讓我印象深刻的是，51 公里的戈壁沙漠徒步挑戰，第一天晚上在沙漠一起露營，睡前在大漠星空下，全體師生大合唱，凝聚團隊精神，大家更有信心的期待隔日凌晨四點夜行的挑戰。直到現在我還

記得，學生們提出的五常：仁 —— 愛與關懷，義 —— 相互扶持，禮 —— 謙遜學習，智 —— 思考解決，信 —— 誠實自信！

 KK 老師趣反思：

很多老師常和我分享，能陪伴孩子完成戶外活動課程挑戰，是一件相當幸運且珍惜的事情。從行前訓練、體能訓練到完成挑戰項目，老師們更要以身作則，作為課程的陪伴者、引導者。徒步的路途中，我也看到有學生牽著老師，一起往前走，在挑戰歷程中，每個人都有軟弱、需要他人協助的時候，五常品德就體現在這個相互扶持的過程中，這是最真實的教育和學習。

02　我也要像學長姐一樣
文／趙子麒　老師

　　2017 年我從師範學校畢業，到學校擔任班主任，2018 年有幸陪伴孩子，參加了第一屆由學長姐擔任教官的熱血三國挑戰營。在學生以交往溝通，控制情緒，包容他人三個面向，展開 FVC 自主反思後，我看到學生彼此關注學習態度，安全評估和溝通協作的體現，活動過程環環相扣，讓學長姐作為教官來帶領學生的概念，對我來說是非常新穎且震撼的，更感受到活動課程的魅力所在。

　　三國活動前，班級進行分組，隊長由班級中，公認領導力強的同學來擔任，同時我也讓組長自己去找隊員，接著去製作 FVC 海報和武將班旗，開始練習班級的舞蹈（舞林大會），本以為一切可以正常有序的完成，但是隨著新團隊建立和磨合，風暴期也隨之產生，學生們各抒己見，不能相互理解，想的美好卻缺少可行性，作為班主任我很擔心，可就在他們製作 FVC 海報中，他們需要去自我反思：交往溝通，控制情緒，包容他人，這恰恰就是他們當前最需要的引導。

　　到了正式活動，學生進行了「品格拓展」，「童軍技能」，「營火晚會」，「小鐵人」，「兵棋推演」，「學科攻城略地」等，在三國的情境下，全班擰成一股繩，為了天下霸業而努力，尤其在最後一天的學科攻城略地，在去無錫三國城的路上，全班拿著手機翻著學習手冊，上網查著各種學科內容，這也是我第一次看見他們這麼主動的去學習，皇天不負有心人，最終班級獲得了天下霸業。

　　2020 年，我擔任學務處活動副組長一職，負責活動課程的籌備

與執行。教官的培育是重中之重，因為整個三國課程，皆由學長姐教官帶領學弟妹，完全無外部廠商協作，在這之前，從班主任的角度來說，覺得教官表現出色，是因為高年級學長姐相對成熟，所以能帶動學弟妹。就在第一次接觸這些預備教官中我發現，他們畢竟也是學生、也是孩子，不夠專注，較貪玩，服從性也沒那麼高。在卓越三國訓練營中，帶領預備教官提前感受三國課程，在活動中團隊凝聚力有了很大的提升，也和預備教官一再強調，能夠擔當教官的責任，是挑戰更是榮譽，如何作為學弟妹的榜樣，學長姐自己應該比誰都清楚。

正式活動開始後，看著學長姐們，作為隊輔關心著學弟妹，作為關主公正的履行職責，我印象最深的是，其中一位十一年級的教官，他在過往沒有這麼自律，遲到、貪玩、小錯不斷。但他在營隊期間的表現，相對成熟穩定，早上五點半去學弟的宿舍樓層，叫大家起床。我問他是怎麼做到的，他說：「因為我是教官。」

我想三國課程給教官們最多的就是榮譽與責任，那麼對於學弟妹來說，帶給他們的又是什麼？我想應該是目標或者榜樣。在活動結束的當晚，一位八年級男孩跑來找我，他說，雖然離他十一年級還有三年，但想先報名教官甄選，他說他之後也想穿上教官服，來照顧、服務學弟妹們。在三國課程後，我問八年級的學生們，未來想成為什麼樣的人？他們會堅定的說：「我要成為和學長姐一樣的人！」這便是三國課程帶給他們的。

 KK 老師趣反思：

我們大膽培訓學長姐，擔任熱血三國挑戰營的教官輔導員。是突

破更是挑戰！訓練營模擬正式三國課程的流程，每個段落結束後總結反思，看見老師擔任教學者的角度和思考，學生透過內化和實作的歷程，不斷修正和累積經驗，才能披掛上陣。學長姐聽到，學弟妹以後也要來當教官，他們的反饋都是，這一學期的努力和辛苦，都值得啦！

03 了不起的對不起

文／楊偉立　老師

在單車環島的課程裡，最讓我印象深刻的是 FVC 自主反思框架。小 A 同學，平日行為懶散，想法較為被動，只關心自身利益為人冷漠，因此人際關係受限，基本沒什麼好朋友。對於活動課程顯得意興闌珊，產生排斥感，認為無聊又危險，但在家長的鼓勵下，勉強參加行前訓練。

小 A 同學在訓練期間，不遵守規定，我行我素，蛇形騎車導致梯隊競賽評分受其影響，大家針對騎行情況做 FVC 討論時，有同學提出小 A 這樣的行為，沒有積極回應「安全」的行為準則，不僅對自己不負責任，同時也影響他人的安全，關聯沒有做到「關心自己和他人」。同學間沒有過度斥責小 A，更期待他能有所改進和調整，大家一起完成艱鉅的挑戰。

正式騎行時，連續天數的並肩作戰，同學間的感情在日益增加，小 A 的狀況，同學們在反思中包容，正向的提出改進建議，爭取團隊一起完成挑戰。在第五天騎行結束後，領騎教練因為同學們沒有認真傳遞口令，而嚴肅批評了大家。小隊自主反思時，讓我非常驚訝的是，小 A 同學站出來對大家說：「對不起！」並檢討了自己的行為，由於他自己帶頭唱歌才擾亂了紀律。毫不誇張的講，在小 A 同學說出「對不起！」的瞬間，我流淚了！

一個從不會講對不起的孩子，他道歉了，這需要多麼大的勇氣，又是多麼了不起的成長，這份感動值得被銘記。可能小 A 同學自己

都沒有意識到自己的改變，但已經潛移默化般悄然發生了。然而這一切絕對都離不開 FVC 的引導，Be Here、Be Safe、Be Honest、Set Goals、Care for Self and Others、Let go & Move on，孩子們從這六個正向準則去鞭策自己，也從這六個面向去反思自己，有反思才能改變，改變才能帶來新的發展。若只有騎行而沒有思考，恐怕小 A 同學不能深刻感受到集體的溫暖與力量，更沒辦法昇華成，現在這位更有溫度的翩翩少年。

 KK 老師趣反思：

在活動課程中，除了個人的能力培養外，也是改善團隊關係的契機。班主任老師細膩的觀察和引導，全班在 FVC 的框架中討論聚焦，彼此看到不同於學校裡的樣貌展現，在面對痛苦和挑戰時，我們都會變得更柔軟一些，潛移默化中更深層的認識和瞭解。小 A 一句對不起，是真正面對自己，向外跨出很大的一步，願意和大家交流互動。這個前提，絕對是他已能感受到同學們，給他極大溫暖和正向的反饋。

⠿ 學習者的看見與收穫

01　五常在我心　走出好品格
文／孟心悅

　　我在九年級時，參加一帶一路研學旅行，其中有兩天一夜戈壁沙漠徒步。在出發前我們學習了很多關於一帶一路政策、西安、敦煌等地的文化與歷史。懷著忐忑的心情，從西安開始一路往西行，真正走進敦煌的沙漠中後，我便後悔了，一望無際的沙漠，根本就是和自己的內心對話和挑戰。出發前老師要我們針對五常，做出定義和設定小

隊的正向原則，一步一腳印地完成了戈壁沙漠挑戰，才讓我更能體會五常的意義。我將分享幾個小故事，來回應我理解的五常。

仁愛，互相幫助和照應。在沙漠中行走時，烈日和乾燥氣候，需要我們身旁的夥伴們，伸出援助之手，拉我們一把。「一個人可以走很快，但一群人可以走很遠。」我看見大家相互扶持、幫忙揹上同學的背包，都是仁愛的體現。義氣，盪氣迴腸。光是一些小小的幫助稱不上義，我們小隊對義的定義是：長久的陪伴與鼓勵。記得我在沙漠的第二天的凌晨，三四點鐘便起床開始夜行。沙漠中一片黑暗，只靠我們每個人戴著頭燈的一束束光，照亮了前方的路。就這樣大家一起前行，把黎明熬成了烈陽，共同沐浴在陽光下，繼續前行。

信任，不光是給別人的，也是對自己的。在沙漠中行走有一個特別活動：信任盲行，就是所有人排成一豎列，除了第一位同學，其他人全部蒙上眼睛，並且把手搭在前面的人肩膀上。就這樣走到終點。在這段盲行中，本來很短暫的距離，變得十分漫長，無盡的黑暗讓我幻想前方全是困難和埋伏，總覺得一不小心就會掉下去或者被絆倒。領頭的同學也在盡力控制速度，我們每個人都對前面肩膀的主人充滿信任。最後，我們戰勝了黑暗和恐懼，一起完成了這項任務，我們沒有抱怨，除了信任他人，也給予自己足夠的信心，義無反顧的向前走。

讀萬卷書，不如行萬里路。我喜歡把課本裡的理論知識拿來實踐運用，完成挑戰活動後，我便悟到了五常的意義，切切實實體現在沙漠中，在我們走過的軌跡和我們的生命裡。五常在我心，走出好品格。

KK 老師趣反思：

　　重走絲綢之路，瞭解文化、歷史之外，更要體驗古人往來穿梭之不易。我將五常：仁、義、禮、智、信，作為一帶一路研學旅行的反思框架，無形中讓抽象的品格，貫穿在課程脈絡中，讓學生在深刻體驗中，去碰撞和思考，促進正向思維，涵養品格。

02　為什麼我們需要反思？

文／陸思遠

　　反思引導是我們每天活動課程尾聲的環節，包括回顧當天活動過程中發生的情況，並且反思有哪些地方可以再做調整，正向表列的對話，引導我們自己設立隔日的目標，彼此相互提醒、見證改變。

　　在我們每天的徒步和騎行結束之後，我們透過 FVC 自主反思工具，展開反思對話，接著老師會給我們一些回饋和提醒。那個時候，我也不理解為什麼要進行這個環節？認為這只是浪費我們的休息時間。但隨這活動日程增加，我發現大家在正向表述的歷程中，看見彼此的優點和不足，進而提出具體的建議，才瞭解反思討論的意義和成效所在。

　　我在十一年級成為三國挑戰營的教官後，我的角度由學習者變成了領導者。在一整天的活動結束後，由我們來帶領自己的學弟妹進行反思引導。在帶領他們反思的同時，我也可以發現自己的問題，並和他們一起討論，一起制定明天的目標，讓我更明白反思的重要性。

　　反思引導是活動重要的一部分，它可以讓我瞭解到我自身的不足和團隊的失誤，進而改進自己的缺點，促進團隊相處的更加融洽有默契。同時，設立目標也是對未來的展望，培養我們為自己的未來，設立階段性的小目標，一點一點的改正自己身上的缺點，以提升自己，助力團隊共好共榮。

KK 老師趣反思：

　　我最常和學生分享，戶外活動課程，不僅只是體力活！如果我們沒有反思，那麼我們只是完成了活動項目挑戰，要把握這樣的挑戰契機，總結深刻體驗的反思，內化到生命中、生活裡。學生隨著年紀增長，角色轉換，就能夠體會和明白，為什麼老師們堅持反思之重要性！

03 「避讓」口令的誕生

文／吳鎮宇

每個學生在團隊中，都扮演著截然不同的角色，然而這些職責、分工若沒有確實到位，那團隊會非常鬆散，或者說不成團隊。在單車環島期間，我擔任的是中隊長的角色，從我的視角來看，FVC 自主反思框架，讓我們在騎行時，帶入了正向的信念，而且能幫助大家更緊密地融入團隊。

在每天的反思當中，我都能觀察到，班上同學積極的參與，以及大家在騎行中所觀察到的東西，精準的反應出我們該調整和注意的事物。在反思時，大家一起回顧歷程，一起貢獻和 FVC 關聯的事物，進而促進團隊凝聚。大團隊的單車騎行，不能將騎行視為個人運動，為了確保大家的安全，在騎行時，要傳遞口令、保持車距，甚至彼此加油打氣，這些具體的行為，都是團隊共好的學習歷程。

我還記得，第一天騎行結束後，我們班在反思時，有位同學提到了 Be Safe，她說有很多車停放在路邊，影響了我們靠右騎行的空間，這是行前訓練時，比較少見的情況，這個反饋引發了更多的討論，大家提出各種解決方案，最後大家的共識是，增加一個新的口令：「避讓！」。往後只要路邊停車擋住了通道，我們以避讓提醒後方同學，注意和調整。第二天起，靠邊停車的情況比第一天多很多，這個口號大大降低了摔車或事故的可能性。我覺得因為有 FVC 的框架在，大家抱持著這些信念，或者說觀察指標，才能更聚焦的討論，以產生共識。

看起來很簡單的六項正向行為準則，卻在單車環島的課程中，起到決定性的作用，讓我們看見彼此的問題，訓練我們更正面地看待一起經驗的事物，提出行動計劃，實踐和改變。

 KK 老師趣反思：

以學生為本的活動課程，更應該創造平臺和機會，讓學生在反思階段，也能自己做主。學生從一開始的 FVC 行為準則的訂定，到活動課程開始後的每天討論，提出的解決方案，都由學生做主。這些規定、提醒、行動都由學生來主導，所產生的學習效益，絕對會超乎老師們的想像和期待。

自主反思力 以學生為本的活動課程設計與實踐

04 領導力在騎行中實踐

文／白子靖

回想四年前，單車環島的課程點滴，完成騎行的喜悅感可能已經淡去，但那份親身的經歷與所鍛煉的能力，是永遠遺忘不了的。老師非常注重培養我們擁有社會適應能力，學校的課堂教學，鍛鍊我們的思維模式，如何尋求理論正解；校外的活動課程，便是親身實踐，將之化己。

還記得單車環島前，行前的領導力課程與領導技能測驗，老師引導我們思考，團隊中身為領導者，該如何去面對處理各式狀況，其中有兩點讓我印象最為深刻。第一點是同理心，試著設身處地，站在他人的角度來思考。老師那時舉了個簡單的例子，當同學騎行時，突然重心不穩摔車了，大多數人的做法是，站在高處問：「你沒事吧！」，取而代之，我們應當到他身邊，蹲下攙扶並為其鼓勵。看似簡單的動作，卻能為他人帶來極大的動力。

第二點是向心力，所謂勁往一處使，力往一處發。環島課程是團隊活動，不是個人競賽。出發前我們班一起許下要全員完成騎行的諾言，不落下任何一位成員。騎壽卡段是環島中最艱難的部分，有著連續十多公里的上坡，加上當天還下起了雨，幾位女生有些支持不住，隊伍便拖得很長。作為班級的領隊者，我們在第一個休息點，就做了策略調整，為了全員完成目標，決定稍稍放慢速度，並將幾位女生調至隊伍的前段，讓她們身前、身後都有加油鼓勵聲。至此，在之後的路程中，隊伍可是節奏一致、隊列整齊，順利完成了騎行。

完成一千公里的挑戰後，回到學校進行領導力後測，我拿到前、後測的比較圖表後，看到各項數值都往上漲了一截。讓我知道，我們不僅實踐了理論，同時更發現引導反思起到了極大的作用。每日騎行結束後，我們利用 FVC 自主反思後，晚餐後再由老師帶領全員進行回顧總結，各個班級提出當日所遇情況，促進大家思考解決方案，進而達到「有則改之，無則加勉。」的效果。從反思結論加之次日出發前的宣導鞏固，在於騎行時加以實踐，由此形成正向循環，在短短十幾日的騎行中，有了飛躍性的成長。

 KK 老師趣反思：

學生在課程結束後，拿到一張領導技能問卷的前後測對比，九項領導力向度的消長，其背後代表的意義，是我更關心和好奇的。我請學生自己、騎行隊友和老師，三方針對圖表給予回饋，這個分析和書寫的過程，就是一種反思和收斂，更是送給學生個人珍貴的禮物。

自主反思力 以學生為本的活動課程設計與實踐

05 在體驗中帶走能力

文／左靜

回想我在八年級參加的第一個活動——熱血三國。我真正感到自己融入了班級，融入了這個集體。在活動中，我第一次敢在不熟悉的環境下展現自己，無論是編排舞蹈，計算兵力點，還是制定攻打城池的計劃，我都樂於參與其中。我發現了自己在集體中的意義，是這個活動將我們聯繫在一起，發揮自己的優勢。在我們激烈爭吵時，在我們第一次勇敢說出自己的想法時，在我們為爭奪兵力點絞盡腦汁時，思維力在悄然被培養。透過這個活動，我們學會發揮自己的優勢，為團隊做出貢獻。

步入九年級，我和同學們一起踏入一帶一路的旅程。仁、義、禮、智、信，這五大品格伴隨著我們走完全程。在活動開始前，我怎麼也想不到，五常品格與我們的活動，有任何的聯繫？但通過每晚的FVC自主反思討論，我才真正明白，這些品格力，就體現在我們旅程中的每一個任務、行動、對話中。無論是在高鐵上、景點裡、沙漠中，我們每一位同學都嚴格用五常來彼此觀察和提醒。在那片沙漠戈壁，烈日的照耀下，我的耳邊充斥的是同學們用五常品格，來鼓勵同學的話語：「來吧！我扶你，我們可是義聯盟啊，不拋棄不放棄……。」我們不僅走過沙漠，更涵養品格。

在環島騎行的路上，我們所有人看似是每一個單獨的個體。可在整個隊伍中，我們都扮演著自己的領騎。我們每個人需要傳達團隊的口令，更要調節自身的速度，保障團隊和自己的安全。整個活動中我

們不僅是參與者，也是領導者，因為我們每個人身後，都有著自己需要領導的隊伍。這正是活動所培養我們的領導力體現。每天完成騎行後，FVC 自主反思時，讓我們更正向的看見同學的問題點，大家不斷調整改進。

十一年級時，我抱著對於活動課程的不捨，報名爭取擔任教官的機會。這是我經歷過最為特殊的活動，我從被領導轉換成了一位帶領著學弟妹的教官。雖然活動艱辛，漫長，耗費心力，肩負傳承的責任，再辛苦也要撐下去。直到看到學弟妹的笑容，都讓我們覺得非常值得。我們服務、傳承，盼著未來的某一天，我們帶領著的學弟妹，能成為像我們一樣的教官。希望服務力的展現，可以作為學弟妹的榜樣。

中學階段，我從一開始的靦腆，到後來的自信；從一開始的懶惰，到後來的奉獻。正是這些活動課程帶給我一次又一次的蛻變。除此之外，每一次的活動，都是我們每位同學心與心的連結。我們不斷發現人與人之間，集體與集體之間的關係，更發現自己的潛能與亮點，那是課本之外，我們最珍貴的社會適應能力，這些都是我們真正可以帶走的能力。

 KK 老師趣反思：

學生對自我的成長，能有深刻的梳理和發現，是因為他在系列的活動課程中，有強烈的學習動機，融入到課程情境，有脈絡框架的進行自主反思，精準回應課程目標。無形中，能送給孩子一個珍貴的禮物：反思的能力。如何更有效、有深度的思考經歷的每件事物，是進行式也是未來式！

  自主反思力 以學生為本的活動課程設計與實踐

06 捕捉課堂的光和影

文／覃芯怡

　　在生活中，無論是影片還是海報，都是我們日常熟悉的媒介與平臺。與文字不一樣的是，影片和海報都是以圖像的形式展現出來，影片中，我們看到影像紀錄者分享學習經驗與收穫，尤其是兩三分鐘左右的短片，特別受到大家的喜愛；海報也是如此，用視覺創作與設計，更加直觀的表達想法。在活動課程後，我們從觀看影片和欣賞海報的視角，轉換成製作者的視角，我們漸漸成為會反思的人，我們也成為創作與記錄的人，為大家帶來美好的回憶。

　　在活動課程前，老師都會要求我們做一張 FVC 海報。活動前，我們對於 FVC 框架的瞭解還沒有特別清晰，"Set Goals" 可能只是隨意討論，我們並不知道設定目標，能為我們帶來什麼實際的好處。儘管如此，老師仍然要求我們寫下來，將我們每一個人假設與討論都記錄下來：如果我們真的可以團隊合作，在單車環島時，如何把隊伍前後的口令確實傳遞下去呢？這個時候，海報扮演的角色，就是記錄下我們的假設與目標。

　　經歷過活動後，我們有了實質性的體驗，我們真正體會到傳遞口令的重要性，以及不傳遞口令會帶來的後果。再去畫海報、講反思，這個時候，我們需要做的是把自己的實際經歷分享出來，引起大家的共鳴和反思，為什麼這個小小的經歷，就能說明我們學會設定目標的重要性呢？通過視覺化的海報，促進我們表達自己的經歷、想法與觀點，羅列關鍵字，引導其他同學一起反思：確實傳遞口號，可以讓隊

伍前、中、後都即時瞭解到路況，同時還可以幫助同學們集中注意力，以防不必要的交通事故。對比活動前後的想法和目標，我們將收穫與成長書寫在海報上，看到目標實現的那一刻，成就感爆發。

影片雖然需要更多專業性的創作，但它是記錄我們成長與收穫，還有回憶的最佳方式。以我自己的親身經歷來說，八年級，我第一次嘗試做影片，身邊的同學們即將分道揚鑣，只是簡單想用熱血三國挑戰營的機會，用鏡頭記錄三天挑戰營的點點滴滴，沒想到從此以後，我開始研究拍攝和剪輯技術、想用相機創造回憶。將八到十一年級，系列活動課程中點滴成長的回憶，都珍藏在每一個畫面裡，只有影片能勾起我對過去成長的記憶，在未來想起來的時候，感到欣慰和驕傲。原來自己當時真的可以走完五十公里的沙漠、騎完近一千公里的路程、幫助我的好朋友們一起完成挑戰。重播影片的時候，我總不禁洋溢出滿足的笑容，我確實做到了！不得不說，活動課程給我們提供了很好的平臺，以創造成長回憶的方式培養興趣愛好，記錄成長之路。

 KK 老師趣反思：

當我們邀請學生，在活動挑戰的過程中，做影像紀錄、拍攝，就是一種當下的反思，再現影像的過程，就是拍攝者的「看見」，活動後將所有影像重新檢視、拼貼，最終影像的呈現，就是學生對活動課程學習的詮釋和回饋。新世代的孩子，擅長影像的拍攝和剪輯，引導學生談出課程核心、目標，是更高層次的追求。

07　黃金七秒的魅力

文／陳子昂

　　回首中學生涯，給我最大的收穫便是活動課程中帶給我的能力。對我來說，幫助最大的活動課程，是作為一名學長教官帶領學弟妹完成三國挑戰營課程。作為一名學長教官，最重要的是如何帶領頑皮的八年級學生，順利完成挑戰營的內容。這個聽起來簡單，做起來可以說是很有難度了。十四歲的年齡，是最不服管、最叛逆的年齡。他們連老師的話都不太願意聽，作為一個年齡相差不大的學長來說，要求他們保持紀律、投入學習，這個任務確實非常有難度。

　　起初，我對於如何管教這些孩子沒有任何頭緒，但經過了一段時間的培訓，掌握了一些技巧以後，我有了一些眉目。其中，老師傳授的關於第一印象的重要性，在帶領活動中讓我十分受益：在與團隊第一次見面，要在極短時間內樹立起好的印象，將會在領導過程中起到決定性的作用，這叫做「黃金七秒」；在觀察老師如何帶領我們的過程中，我還發現了說話藝術、團隊氛圍的營造等。正式活動開始後，與孩子們初次碰面時，我便運用了老師傳授的這些技巧，在孩子們心中樹立起了一個非常好的領導形象。整個活動中，我帶領的班級可以做到收放自如，成功的完成了三國挑戰營中的每一項任務。

　　如何帶領好一個團隊，是每一位成功的人士，必須要掌握的技能，未來步入社會工作後，如果沒有優秀的領導才能，是無法擔當重要職務。在帶領三國挑戰營活動中，每一位學長姐教官都收穫了可以帶走的領導能力，其中包括了我自己。我十分感謝所有的活動課程，

讓我從一個只會紙上談兵的庸才，變成了可以真正帶領團隊的良將。書本上的知識，會隨著時間的流逝慢慢還給書本，但通過親身經歷培養出的能力，卻會陪伴終生，使人更有價值。

 KK 老師趣反思：

如何驗證學習者是不是真的學會、學到了？最佳的驗證方式，絕對是邀請學習者「實作演練」，教導他人是很棒的一種途徑，當學習者轉換為教學者，在這個移轉的歷程中，會有更多的思辨和體悟，具體可見的成果，能夠即時反饋給學習者，學會的程度有多少，在經驗中不斷調整、學習。

08　教學相長的我們

文／胡紫怡

這一段回憶確實是值得永遠珍藏的，也可能會被我當作一段神奇的經歷，一直拿出來和別人分享。

作為一名活動的領導者（教官），從前期的籌備，到後來的正式活動課程的開展，我們全程的參與教案的撰寫、試教驗收到正式帶領學弟妹完成所有學習課程，看起來是我們帶著學弟妹學習成長，其實收穫最多的，是我們這些學長姐們。

對學弟妹來說，三國挑戰營課程內容有，鍛鍊意志力的小鐵人（游泳兩百公尺及路跑三公里），還有很多能夠提升他們合作意識的團隊活動，以及最後學科攻城略地，模擬魏、蜀、吳三國的戰爭，運用自己的策略來攻守學科城池。鍛鍊資源整合、策略規劃、戰略執行等能力。這是我在帶領的過程中，看見他們的學習收穫。

對學長姐來說，我們也收穫了很多。就拿我自己來說，參加三國挑戰營之前，我自己的性格其實是比較內向的，並不是很願意大聲和別人說話，也一直都是大事化小、小事化無的觀念。參加了這個活動課程以後，為了能夠更好的帶領學弟妹，逼得自己不得不有所突破，要提高自己的音量來教導學弟妹。我很慶幸，在不斷的練習、驗收的過程中，有老師們的鼓勵和引導，讓我突破了自己，這對於我自己來說，是很大的成長。

最後，我特別想對老師們回饋。在三國挑戰營中，我擔任教學的工作，讓我對「老師」這個職業，有了很大的改觀。這份工作，比我

所想的要辛苦很多，人前人後有許多的付出，教案設計、會議備課、陪伴引導，他們的默默付出，讓我打從心裡更加尊敬老師。

 KK 老師趣反思：

　　學長姐教官的培訓，可以說是老師們「陪」出來的。訓練營、教案審查、教學驗收、晚會籌備、技能驗收等，教師團隊辛勤付出、功不可沒。當學生看見和體會出教育工作者的不容易，就是因著扮演教學者的角色，而有所體驗和感悟。小小的回饋，卻是給教育工作者最大的鼓舞！

語文教學叢書 1100019

自主反思力：以學生為本的活動課程設計與實踐

作　　者　李冠皇
責任編輯　蘇　輗

發 行 人　林慶彰
總 經 理　梁錦興
總 編 輯　張晏瑞
編 輯 所　萬卷樓圖書(股)公司
臺北市羅斯福路二段 41 號 6 樓之 3
電話　(02)23216565
傳真　(02)23218698

發　　行
萬卷樓圖書(股)公司
臺北市羅斯福路二段 41 號 6 樓之 3
電話　(02)23216565
傳真　(02)23218698
電郵　SERVICE@WANJUAN.COM.TW
香港經銷
香港聯合書刊物流有限公司
電話　(852)21502100
傳真　(852)23560735

ISBN 978-986-478-438-7
2021 年 2 月初版
定價：新臺幣 220 元

如何購買本書：
1. 劃撥購書，請透過以下帳號
　帳號：15624015
　戶名：萬卷樓圖書股份有限公司
2. 轉帳購書，請透過以下帳戶
　合作金庫銀行 古亭分行
　戶名：萬卷樓圖書股份有限公司
　帳號：0877717092596
3. 網路購書，請透過萬卷樓網站
　網址 WWW.WANJUAN.COM.TW
大量購書，請直接聯繫，將有專人
為您服務。(02)23216565 分機 610

如有缺頁、破損或裝訂錯誤，請寄
回更換

國家圖書館出版品預行編目資料

自主反思力：以學生為本的活動課程
設計與實踐 / 李冠皇作. -- 初版. -- 臺
北市：萬卷樓圖書股份有限公司,
2021.02
　面；　公分. -- (語文教學叢書；
1100019)
ISBN 978-986-478-438-7(平裝)
1.課程　2.課程規劃設計
521.7　　　　　　　110000291